ON THE LINE

在线

◎苏州市电化教育馆 编

e-learning

古吴轩出版社
中国·苏州

图书在版编目（CIP）数据

在线 / 苏州市电化教育馆编. -- 苏州 : 古吴轩出版社, 2019.4
（苏州教育信息化）
ISBN 978-7-5546-1349-8

Ⅰ. ①在… Ⅱ. ①苏… Ⅲ. ①教育工作－信息化－苏州－文集 Ⅳ. ①G43-53

中国版本图书馆CIP数据核字(2019)第054341号

责任编辑：周 娇
见习编辑：王 莹
版式设计：陈 丽
装帧设计：赵 军
责任校对：韩桂丽

书 名：在 线
编 者：苏州市电化教育馆
出版发行：古吴轩出版社
地址：苏州市十梓街458号 邮编：215006
Http://www.guwuxuancbs.com E-mail:gwxcbs@126.com
电话：0512-65233679 传真：0512-65220750
出 版 人：钱经纬
印 刷：苏州市深广印刷有限公司
开 本：787×1092 1/16
印 张：9.625
版 次：2019年4月第1版 第1次印刷
书 号：ISBN 978-7-5546-1349-8
定 价：30.00元

目录

行政指导 /001

建人民群众期盼的民心工程　将名师在线服务送到每个家庭…………张　曙（003）

探索研究 /005

依托“小平台”，回应教育“大民生”……………………………………顾瑞华（007）
利用线上平台　推动课堂转型…………………………………………………余　洋（012）
基于苏州线上教育中心平台的初中物理翻转式复习课堂的构想……程建军（016）
聚焦四“点”，让线上教育更精准……………………………………………田　林（019）
基于苏州线上教育中心平台开展高中化学混合式学习的思考…………陈　瑶（024）
线上教育如何影响了我们………………………………………………………彭益磊（028）
浅谈学校主导的线上教育实践…………………………………………………陆广杰（031）
浅议苏州线上教育中心资源的迭代与优化……………………………………曹大赞（035）
我看线上教育……………………………………………………………………王丽娜（039）
用好苏州线上教育中心　服务“家园学校”子女…………………………田明亮（042）
择师恰逢“线上”时……………………………………………………………薛　晟（047）

学校实践 /051

融合创新　多元发展……………………………………………………………边卫华（053）
未来已来　将至已至……………………………………………………………尤　佳（057）
学校教育的“next”时代………………………………………………………吴　岑（061）
心怀美好，与线上教育共成长…………………………………………………曹蔚萍（064）
“线上教育”平台推进：“越困难，越前进”………………………………王　钰（069）
真正落实公平、优质、适切的教育举措………………………………………丁　铮（072）
重塑课程体系　变革教学模式…………………………………………………廖开颜（075）

教师实战 /079

线上教育：让梦想照亮现实…………………………………………………………………刘　洪（081）
辛勤浇灌，静待花开…………………………………………………………………………刘　华（085）
借助线上教育平台，打造灵动高效课堂……………………………………………………谢　炜（088）
线上教育：引领未来教学变革新形态………………………………………………………程振理（092）
想当“网红”不容易…………………………………………………………………………郁琳玲（096）
借力信息技术，提升体育教师信息素养……………………………………杭金亮　卞家骏（099）

媒体札记 /103

苏州线上教育中心新学期“大礼”：2.0版“大咖”来袭，学知识更长能力
……………………………………………………………………………………………………卜雪梅（105）
“网红教师”刘洪：六十岁成了“网红”老师，线上教育让奇事不奇…卜雪梅（108）
“治愈”家长“心病”，孩子从“要我学”到“我要学”………………卜雪梅（110）
名师来哉，校园里也“追剧”……………………………………………………………卜雪梅（112）
线上教育“无奇不有”，五位学科老师同上一堂课……………………………卜雪梅（115）
从“网友”到班主任，解困初高衔接难题有了新通道 …………………………卜雪梅（117）
年轻教师的“催化剂”，年长教师的“减龄神器”……………………………卜雪梅（120）
缪诣欣：以学定教，考验老师“真本事”的时候到了……………………………卜雪梅（123）
线上线下同步教学　让老师焕发新魅力…………………………………………………仇荣剑（125）
数学老将线上直播“家庭教育”良方……………………………………………………仇荣剑（127）
站在学生的角度考虑，激发学生的学习兴趣……………………………………………仇荣剑（129）
迷上微课　老师变身“线上达人”………………………………………………………王　越（131）
“团结、热情”让直播课堂大受欢迎………………………………………………………王　越（133）
孙文明：教与学“线上”“线下”自由切换，学生纷纷点赞……………………王　越（135）
线上教育平台让学生近距离感受音乐魅力…………………………………………………王　娜（137）
主动适应线上教育，让资源更有效…………………………………………………………王　娜（139）
名师首尝直播　千人在线共享情韵之美……………………………………………………王　娜（141）
各显神通，为学生精心打造个性化线上课程……………………………………………王　娜（143）

附录/145

2018年苏州线上教育中心在线教学组织与管理办法………………………………………………（145）
2018年苏州线上教育中心在线教学实施意见…………………………………………………………（148）

行政指导

建人民群众期盼的民心工程 将名师在线服务送到每个家庭

□ 张 曙

随着信息技术不断发展，移动互联网、大数据、云计算等新兴技术对教育教学将产生革命性影响。当前，苏州教育正步入新一轮优质均衡发展的新阶段，运用信息技术提供资源优质、渠道多样、简单易用的互联网教育服务将成为政府提供教育公共服务的新型渠道，将使更多名校名师的教学服务通过网络惠及全市学生，有效地回应和解决老百姓最关切的教育民生诉求。为有效开辟互联网教育公共服务新途径，苏州市教育局启动苏州线上教育中心建设，推动全市优质教育资源共建共享，将名师在线服务送到每个家庭。我们主要从以下三个角度思考线上教育中心工作，确保线上教育中心高质量推广。一是与治理校外培训机构相结合，回应人民群众课外学习需求，开辟互联网名师在线教学渠道，让人民群众享受免费优质的教育服务。二是与促进教育均衡优质相结合。线上教育中心试点应用数据表明，随迁子女定点吸纳学校的使用率最高，到达 80% 左右。我们将在促进教育均衡优质的高度，定位线上教育中心，将其与城乡学校结对帮扶、集团化办学、随迁子女学校建设以及东西部扶贫工作结合起来，将优质教育资源通过电脑、手机、电视等渠道传递到每家每户。三是与教师评价改革相结合。信息技术应用能力是教师专业发展的必备能力，在移动互联网时代，教师通过线上授课，可以将教学影响力的对象从一到两个班学生扩展到成千上万个学生。我们将主动落实新时代教师队伍建设新要求，更加注重教师的教学实绩，学生也可以在线上自由选择更优秀的教师、更喜欢的教师，获得更好的学习效果。

为把好事办好，苏州市教育系统群策群力，采取多项创新手段来推进线上教育中心工作。工业园区教育局将已经开发并应用成熟的易加互动平台无偿贡献出来，为线上教育中心奠定软件基础，大大加快了线上教育中心的开发速度，同时降低了开发成本。市教科院、电教馆、教发中心积极开展创新协作，由教科院统筹全市名师力量，紧贴学生学习进度和学习需求，逐步设计出一套覆盖各学段、各学科的在线直播课程。教科院与电教馆、教发中心在平台开发、课程开展等工作上密切协作，探索建立了线上教育工作的机制，为接下来进一步推广应用苏州线上教育中心奠定内容基础。各校通过召开全员家长会、组织学生机房集中培训等方式，有效地帮助学生家长了解、认可苏州线上教育中心。同时组织教师将线上教育与日常教学有机结合，涌现出了一批创新案例和“网红教师”。苏州线上教育中心自 2018 年 3 月启动试用以来，受到学生、家长、教师和社会各界的普遍欢迎。广大师生积极参与，在半年多的时间内观看网络直播的总人次已超过 54 万，总点击量超过 600 万次，为学生家庭节省了大笔教育开支。线上教育中心受到省里相关部门肯定，也引起了全社会的广泛关注。《中国教育报》头版对其进行了报道，《新华日报》专门刊发了报道文章，中国教育电视台用了 3 分钟做了特别新闻报道。近期，线上教育中心还作为仅有的两个区域案例之一获评江苏省教育信息化应用优秀案例，并代表江苏省参评全国基础教育信息化应用典型示范案例。苏州市获评教育部“智慧教育示范区”创建和培育项目。

接下来我们还将多措并举，不断提高线上教育中心工作的质量和人民群众满意度。2019 年，线上教育中心被列入市政府实事项目，各市、区将建立本区域线上教育中心工作领导小组，由县区局长担任组长，参照市里的管理办法，将线上教育中心建设、运行、应用等工作涉及的相关单位、人员纳入小组，建立定期例会机制，逐步建立健全平台运行、维护等各项工作制度，全面统筹、推进本区域平台的应用推广。严格落实好经费保障，通盘考虑经费使用需要，细化资金使用方案，确保各项工作的顺利开展。配套好评比考核，探索建立在线教学的工作评价机制，以更加科学的手段和方法考量学校、教师开展线上教学的实绩与效果，让更多的优秀教师通过线上教育中心这个平台涌现出来，打造一支师德高尚、业务精湛、线上线下结合的高素质专业化教师队伍。

苏州线上教育中心是一项顺应人民群众期盼的民心工程，也是新时代苏州教育信息化发展的重大举措，责任重大、使命光荣、意义深远。我们将进一步凝心聚力、团结一致，按照时间表、路线图一步一个脚印扎实推进，将名师通过网络送到每个家庭，为苏州每个孩子都能享受高质量的教育、为打造一流的教育现代化强市而奋斗！

（作者系苏州市教育工委书记、教育局局长）

探索研究

依托“小平台”，回应教育“大民生”

——苏州线上教育中心“亮剑”教育新均衡

□ 顾瑞华

今天的苏州已成为中国长江三角洲地区一座以现代经济为支撑、高度开放的重要中心城市，2017 年人均 GDP 达到 16.26 万元，城镇化率超过 75.8%。同时，苏州还是中国第二大移民城市，外来人口约占全市人口总量的一半。苏州教育面临优质、均衡发展新需求，新问题。为有效地回应和解决老百姓最关切的教育民生诉求，苏州市教育局启动苏州线上教育中心建设。苏州线上教育中心是教育信息化 2.0 精神的具体践行，是教育部全面整治、有效疏导校外培训机构的有力措施之一，是新时代开辟互联网教育公共服务的新途径。通过全市优质教育资源的共建共享、融合创新，为给推进“两聚一高”新实践提供人才保障发挥互联网教育的坚强支撑作用。

一、中心定位

苏州线上教育中心（以下简称“中心”）是以“苏州名师全过程全免费”为核心理念，统筹全市名优教师资源并贯通线上线下与课内外的高度信息化、智能化、个性化的网络学习平台。中心将采用分布式部署，通过手机、电视、平板电脑和个人电脑四个端口途径，向全市 150 万师生和 280 万家长提供名师精品课程视频、名师在线学习辅导、在线学习行为数据分析、优质课程辅助资源等四大类教育服务，与未来教室的课堂教学系统形成联动呼应，建成时时处处可学习的课外教学系统，让全市中小学生平等便捷地享受更优质的公益在线教

育资源。

二、主要功能

1. 名师课程资源。以新授课、复习课、实验课和习题课为主要类型，在苏州线上教育中心平台投放供中小学生学习的全学段、全学科课程视频资源。同时围绕视频资源，投放相应的教学课件、同步学案和试卷习题等学习资源，形成数字化课程辅助资源体系，为学生搭建知识脚手架，有效提高个性化学习质量。

2. 名师网络答疑。学生以文字、图片、语音和短视频等形式向教师提出学习中的困难和疑惑，教师通过网络及时与学生沟通，探讨学科知识、学习方法和试题解析等问题。问、答记录全部被保存在平台上并与相关的章节、知识点绑定，方便师生日后整理、回顾。

3. 名师在线直播。学生可以通过网页、App 客户端等形式收看教师的在线直播课。教师在直播过程中可实时发布习题让学生当场完成，也可以与学生通过语音、文字实时互动。直播课程全部被录制并存储于平台上以供学生后期进一步学习。

4. 学习行为数据分析。通过苏州线上教育中心后台记录每个学生在线学习和互动的操作行为、思考痕迹和学习进度，对每一个学生进行学习过程中各种生成性数据的伴随式搜集，通过大数据分析做到全样本掌握每一个学生的学习情况，向学生精准投递个性化学习建议，有效加强学习的科学性和针对性。

三、实施步骤

苏州线上教育中心项目按照“由易至难，迭代升级”的原则，分两期开展建设工作。具体实施步骤如下：

一期工程（2018 年 1 月—2018 年 12 月）：一期工程建设目标是启动部署、试点应用。上半年完成一期建设并向全体直属学校开放。下半年面向直属学校和工业园区学校共 12 万名中小学生和 1 万名教师开放。同时探索研制苏州线上教育中心市、县两级运行机制及资源共建共享方案。

二期工程（2019 年 1 月—2019 年 12 月）：二期工程建设目标是全市覆盖，打造品牌。在一期四大类功能的基础上，运用人工智能和大数据技术，升级、完善原有应用，基本建成苏州线上教育中心平台，面向全大市四市六区 150 万师生和 280 万家长全面投放。

四、当前建设情况

根据 2018 年建设计划，苏州线上教育中心平台主要包含名师资源、网络直播、在线答疑、大数据分析等四大功能，目前这四大功能已基本实现。名师资源包含微课、习题、测验、课件四大类，所有资源均绑定教材章节和知识点，可根据章节、知识点和关键词进行快捷查询。网络直播支持教师在线发布测验，师生可以以文字、视频方式实时互动，支持一名主讲和多名助教的“1+N”模式开展直播，课程结束后所有课程都自动录制上传，供学生课后点播。在线答疑支持语音、文字、图片、视频等多种方式提问，所有问题都可和章节、知识点绑定，方便师生日后整理、查询。

五、当前运行情况

项目于 2018 年 3 月在苏州市教育局 4 所直属学校开展试运行，6 月开始在苏州市教育局 31 所直属学校中全面运行。目前苏州线上教育中心平台共生成学生账户 33938 个，覆盖了市直属所有中小学生。自 3 月份启动以来，苏州线上教育平台登录数已超过 27 万人次，日均访问量达 4446 人次。暑期，市教育科学院组织大市各学科领军教师共开设月直播课 700 余节，受到学生、家长、教师的一致好评。

名师资源方面，共计上传微课 29287 节，课件 1052 个，测验 1898 个，习题 5327 道。其中微课资源覆盖了小学、初中、高中主要学科的全部章节和知识点，总观看量达 270207 人次，其中小学总观看量达 54947 人次，初中总观看量达 139269 人次，高中总观看量达 75991 人次，人均观看微课资源约 8 次。

网络直播方面，截至 7 月底，由市教发中心牵头组织市名师共同体各团队，共开展覆盖小学、初中、高中主要学科的市级名师网络直播 101 次，其中小学 17 次，初中 27 次，高中 57 次。暑假期间，每周二、四、六、日均安排了各学科的在线直播。目前总在线观看量达 30805 人次，场均直播观看量达 305 人次，直播课程回看量达 119676 总人次，平均每场直播回看量达 1185 人次。同时教发中心还组织各直属学校根据实际需要开展形式多样的校级直播 1276 次，总观看量达 451933 人次，平均每场校级直播总观看量达 354 人次。

在线答疑方面，由市教发中心组织各直属学校优秀教师开展市级答疑，每晚各有初中、高中主要学科教师一人在线值班答疑。目前学生通过在线答疑平台共提问 1333 次，收到答复共计 1473 个。

六、平台保障情况

1. 机制保障。为进一步推动平台的使用，使学生充分享受优质教育资源，市教育局成立了以张曙局长为组长，高国华副局长、工业园区葛虹副局长为副组长的苏州线上教育中心工作领导小组。明确了科信处、教科院、电教馆和教师发展中心等单位和部门在软件开发、资源建设、直播开设、运维培训等工作上的职责分工。工作领导小组定期召开专题会议，听取各相关单位平台建设、运行工作的进展情况的汇报，及时协调解决工作中的困难和问题。

2. 制度建设。为规范苏州线上教育中心的日常运行工作，各相关部门制定了多项管理制度和管理办法。市教发中心出台了《苏州线上教育中心在线教学组织与管理办法》，对教师参与资源制作、网络直播和在线答疑的资质、流程做了明确的规定。同时根据2018年工作的实际需要，出台了《2018年苏州线上教育中心在线教学实施意见》，对当年度市、校两级开设网络直播课程的数量、内容及经费管理做了进一步的明确要求。市电教馆出台了《苏州线上教育中心运维与保障制度》，明确了平台运维工作的职责、要求及数据备份管理、应急事件处理等具体工作的业务流程。

3. 服务保障。平台通过运维服务、客服服务、培训推广服务等三项工作来具体做好服务保障工作。运维服务安排3名专业技术人员24小时值班，及时发现、排查运行中的故障和问题。截至目前，平台未发生重大故障。客服共有8名人员通过打电话、网络答疑等方式解答用户的使用问题，共计接听电话610路，提供在线支持6793次。在教发中心安排2名客服人员专门负责名师直播的相关保障工作。培训推广服务通过线上、线下等方式，对教师、学生、家长开展了平台使用培训143次，总培训量达52721人次；印制平台使用手册和暑期直播安排表各4万份；在“苏州教育”微信公众号上发布了相关新闻报道12篇，确保学生、家长及时了解平台的使用方法、课程计划。

七、后续发展思路

1. 升级优化平台，扩大优质资源覆盖面

2019年，该项目将立为市政府实事工程，共享软件平台，扩展有线电视获取途径。中心平台采用分布式部署，覆盖十个市（区），让全市150万师生和280万家长可以通过手机、个人电脑、平板电脑、电视等多种途径，享受苏州线上教育中心提供的名师课程资源、名师网络答疑、名师在线直播、在线学习行为数据分析等四大类教育服务，实现苏州线上教育中心的区域覆盖、师生家长覆盖、学习途径覆盖，让全市中小学生平等、便捷地享受更优质的公益在线课外教育资源。

2. 优化资源管理，提升用户体验感、获得感

一是资源精细化。我们挑选“精兵强将”搜集、整理全省乃至全国的优质教育资源，筛选之后根据现行教材、课标和考纲，按照课程章节制作成优质的微课资源，供学生自

主学习、观看。

二是课程系统化。我们调动全市名特优教师和教科院学科教研员组成专业化课程团队，编制系统化在线直播课程。学生可以按需在线收看，加深巩固近阶段学习效果，课后还可以通过文字、语音、图片等方式与老师互动答疑，解决学习中的困惑。

3. 依托教育大数据，精准推送促发展

未来，我们将不断丰富和完善苏州线上教育中心综合课程，提供科技、心理、艺术、STEM 等方面线上、线下混合式教育教学模式。汇聚以未来教室为主的学生课堂学习数据，以苏州线上教育中心为主的学生课外学习数据，以腾讯智慧校园为主的学生社交数据，以教育 E 卡通为主的学生行为数据，以智能手环为主的学生健康数据……为师生的健康成长提供数据分析和精准推送，让苏州线上教育中心真正成为全方位教育的中心，促进学生的全面发展。

（作者系苏州市电化教育馆馆长）

利用线上平台 推动课堂转型

□ 余 洋

随着2017版《普通高中英语课程标准》的实施，新一轮教学改革已经展开。如何在新形势下，让学生发展学科核心素养，适应今后全球化、信息化的世界，已经成为最热门的教育话题。而如何使目前飞速发展的信息技术更好地为教学服务，真正起到其应有的效果，也是值得每一个教育工作者迫切思考的问题。上学期，苏州市教育局推出了苏州线上教育中心，旨在利用现代信息技术，帮助学生在课余有效地进行自我学习与提升。从暑假至今，笔者有幸参与了七次线上直播课程和两次答疑，对于平台的使用有了一些自己的心得与思考，下面谈谈自己的感受。

一、核心素养与翻转课堂

新课标提倡培养学生的学科核心素养。所谓“核心素养”，笔者认为是运用知识技能解决现实课题所必需的思考力、判断力与表达力及其人格品性。这意味着当前的教学不能仅仅满足于教授学生知识，传统课堂上的“满堂灌”、大量的记忆与背诵，已经不再是课堂教学的主要方式——比格斯称之为“浅层学习”。而与之相对的“深层学习”，强调探索、批判性思考，关注学习过程，更有利于学生核心素养的发展。但是，在传统的学校课程设置中，教师在课堂上主要以教授知识为主，很难有时间去开展“深层学习”所要求的高阶活动。

所幸，信息技术的发展使得这一形势有了改变的可能，这就是所谓的“翻转课堂”。在上课之前，教师将知识点做成短视频，推送给学生。学生在家自行观看视频、做笔记并完成视频中的练习。在第二天的课堂中，教师根据学生前一天晚上的学习情况进行进一步讲解，随后开展小组讨论、辩论、项目制作等活动。翻转课堂彻底改变了传统课堂模式，学生在课外通过观看视频，解决了知识的识记和理解问题，教师在课堂上就有更多的时间和精力来帮助学生进行知识的应用、分析、创造等高阶活动。这正是新课标中强调的培养学生学科核心素养。

翻转课堂的优势显而易见。首先，它使拥有不同接受能力的学生可以根据自己的学习节奏学习知识。在传统课堂中，教师面对学习能力不同的学生通常会很为难。一个知识点到底需要讲几遍才合适？教师很难做到因材施教。而观看视频的最大好处在于，学生可以反复观看。学习能力强的学生可能只需要看一遍，而学习能力欠佳的学生可以看两遍甚至更多遍。他们不用担心自己会被教师“抛弃”，也不用担心会因受到别的学生的催促而感到脸上无光，这使得他们更愿意去完成教师布置的作业。

其次，它解决了学生课后作业无人辅导的尴尬局面。目前，教师布置的作业通常是巩固性的，很多都是对课堂知识点的应用。这是属于布鲁姆认知层次中比较高阶的环节，学生可能需要小组合作或者互联网的帮助才能完成。而学生通常被要求独立完成作业，家长也爱莫能助，这就容易导致学生难以解决作业中出现的问题，从而对学习丧失信心和动力。运用翻转课堂模式，学生在家中的作业就成了观看视频并记录，完成简单的练习，而比较难的活动则可以留到课堂上，在教师和同学的帮助下一起完成。

二、利用在线平台实现翻转课堂

今年暑假，我校顺应苏州市教育局的要求，利用苏州线上教育中心，给学生提供在线直播的视频课。笔者所带的学生正值高一升高二，结合他们的实际情况，笔者决定将视频课的内容定为“语法知识讲解”，包括非谓语动词和虚拟语气两部分。这些是学生在高二上学期必学的语法知识。通过推送，让学生在假期中先理解、记忆语法知识，开学后再利用课堂时间对这些知识点进行进一步的应用，这符合翻转课堂的理念，也契合新课标的精神。笔者将基本的语法规则和例句用 PPT 呈现，在知识讲解后设置了五个练习题，以检验学生的听课效果。在讲完课后，我要求学生对没有理解的部分反复观看，并做好笔记，写下自己的问题或困惑。

开学后，笔者让学生带着假期里的学习笔记来到课堂，并令他们在小组中分享和讨论，尽可能地解决问题。经过讨论，笔者发现，学生对于非谓语动词的概念及形式的理解没有问题，他们的问题在于无法在实际语境中选择正确的非谓语形式，以及很难在书面表达中正确应用非谓语从句。于是笔者的课堂时间不再用来讲解非谓语动词的概念及结构，而更多是用以解决下列问题：如何理解文章中的非谓语结构，如何将从句转换为非谓语结构，如何将书面表达中的句子加入非谓语结构。几堂课下来，笔者发现，相比于过去的语法课，今年的课堂有了很大的不同。

1. 学生的参与度更高。由于学生课前已经学习了语法知识，教师不必在课堂上重复讲解，从而避免了“一言堂”的尴尬。教师在备课时设计不同的活动，如看图造句、故事改写、句法改错等让学生将语法知识进行应用。学生在课堂上也不用忙于记笔记，而是积极参与小组活动，解决实际问题。这样一来，教师少讲，学生多练，学生的参与度自然就提高了。

2. 学生更加自信。在课堂上，学生通过小组讨论解决问题，完成活动。后进的学生不用担心自己无法完成相应的任务，他们可以通过小组中学得比较快的同学的帮助来进一步学习和理解，他们不用担心自己无法解决问题时所面临的尴尬。这样的学习模式保护了这部分孩子的自尊心，避免打击他们的学习积极性。而学习比较快的学生通过帮助后进学生，又进一步巩固了自己的对知识的记忆与理解，可谓“一石二鸟”。

3. 学生的学习效率更高。学生在课前观看视频、做笔记、提出问题，在课堂上完成讨论、应用等高阶学习活动。这样一来，课前学习的难度降低了，课堂学习的指向性更明确，而总体的学习时间并没有因此而增加，因此学生学习的效率更高了。

三、在线平台的不足与思考

苏州线上教育中心上线不到一年，对于教学效果的提升显而易见。然而，在笔者看来，作为一个新生事物，它还有很大的改进空间。

1. 在线平台如何与日常教学相融合。一些教师将在线平台与日常教学割裂开来。视频课中讲解知识，上课依旧照本宣科，使两者变成了两套教学体系。教师除了繁重的日常教学，还要花时间做课件、录视频；而学生除了完成日常作业，还要收看视频，完成相应任务。这样做的结果是教师和学生都感觉更累了，这也不是翻转课堂的本意。笔者认为，只有将在线平台与日常教学相融合，才能减轻教师和学生的负担，使在线平台不成为教学的负担。

2. 如何让学生受益更多。一些学生对线上平台的重视程度不够。他们认为，线上平台只是课堂学习的补充，看不看视频对课堂学习影响不大，因为教师在视频中讲解的内容还会在课堂上重复。这造成了一些课的收看率确实不尽人意。笔者认为，学生不重视的根本原因还是他们没有从中受益。因此，如何打造更贴合学生的课程体系，让学生通过在线平台获益更多，是苏州线上教育中心改进的方向。

3. 如何使在线平台便捷化、智能化。相对于目前流行的各种直播软件，在线平台的操作还略显复杂。笔者认为，在线平台的开发者应当尽可能简化登录和直播流程（如支持指纹或人脸识别登录、一键开启直播等），让更多的教师和学生便于操作。另外，在线平台可以导入学生历次考试成绩与试卷，根据每个学生的不同情况，推送相应的视频课和课件，从而免去学生在茫茫“大海”中寻觅适合自己的视频误的漫长过程。

四、结语

信息技术的发展促进课堂转型。翻转课堂给教师提供了一种全新的教学思路，而苏州线上教育中心的成立使得翻转课堂模式有了用武之地。教师应该意识到，在线平台不是课堂学习的附属品，而是学生学习不可或缺的一部分。知识的讲授主要通过视频课来进行，而课堂则成为师生之间借助交互作用，相互传递、彼此交流，从而获得创见、变革自我的沟通平台。只有将在线平台与日常教学相融合，才能真正发挥在线平台的作用，真正推动课堂转型，使新课标落到实处，最终发展学生的学科核心素养。

（作者系江苏省苏州中学园区校一级教师）

基于苏州线上教育中心平台的初中物理翻转式复习课堂的构想

□ 程建军

传统的初中物理复习课是教师“一言堂”的“填鸭式”教学，通常是教师通过放映课件来梳理基本知识或者教师讲解知识学生听、教师提出问题学生答、教师布置作业学生做，学生一直被老师牵着鼻子走，始终处在压抑、被动的状态，学习积极性调动不起来。其实，复习的内容都是学生已经学过的知识，教师不需要过多地讲解。所以，复习课要真正把学生放到主体位置上，以学生自学为主，从而培养其学习的独立性、主动性，充分发挥其自我探索、自我获取的精神，以改变他们消极被动的状态，提高复习的效果。翻转课堂这种基于慕课（即大型开放式网络课程）及微课的新型教学模式可以有效解决传统复习课存在的问题，实现高效复习。

一、翻转课堂的内涵

席卷全球高校的慕课已经向中小学学习领域渗透，翻转课堂是慕课平台的延伸，它是将开放式网络课程和传统课堂教学结合的新授课形式。翻转课堂是相对传统课堂而言的，其教学过程通常包括“知识传授”和“知识内化”两个阶段。在传统课堂中，教师在课堂上传授知识，而把知识的内化过程留给学生课下独立完成，这就导致本该应用于师生互动、同伴交流协作的课堂，常常被教师一个人占用来“传授知识”。在课下的自我知识内化过程中，学生由于缺少教师和同伴的帮助，容易产生挫败感，丧失继续学习的热情和动机，无法从根本上将知识内化到其认知结构中。但在翻转课堂上，这种形式被颠覆，翻转课堂改变了传统教学“课堂教师讲授，课后学生完成作业”的教学模式。知识传授通过信息技术的辅助，在家里或课前完成，知识内化在课堂中通过师生交流与协助完成，实现教学形态的“翻转”。

二、基于苏州线上教育平台的初中翻转式物理复习课堂的教学实施

1. 实施翻转课堂的线上教育平台应具备的功能

要顺利开展翻转式初中物理复习课堂，就要有一个方便快捷的网络学习平台提供支撑。线上教育平台应有提供学生自主学习的空间，录制的视频可以在线观看，学生可以根据自己的需求播放、暂停和重复播放；每一节课都有固定的师生交流的空间，并有在线测试，平台能够对测试题进行评估和分析，对错题自动收集并统计错题发生概率；具有老师、学生的所有教学、学习过程全程永久保存，并且可随意调取、重复使用的功能，实现学生学习全过程的实况跟踪监测评价。

2. 翻转式初中物理复习课堂的教学流程

（1）创建课前学习任务单和学习资源

根据初中物理评价要求和知识网络，以表单的形式列出复习要求和学习资源，学习任务应针对性强，有梯度，能适合不同层次学生的需求。

课前学习资源主要包括微视频、课件、虚拟实验和测试题。这些资源都可以上传到网络学习平台，学生可以在线观看视频、下载资源和答题。教师在微视频制作中可以概念图的形式梳理知识要点，通过实验视频或动画，再现知识的形成过程，以归类示例的方法指导学生解决问题。微视频的视觉效果、互动性、时间长度等对学生的学习效果有着重要的影响。在教师开发视频课程时，还需注意如何使学生积极参与到视频的学习中去，对学有余力、“吃不饱”的学生可以设计层次更深的微视频。

（2）学生自主复习

学生根据课前学习任务单，按照自己的节奏观看教学视频、记录听课笔记、下载学习资源和在线答题，对学习中的遇到问题可以进行提问和讨论。学生通过反思和网络协作，发现自己的收获和疑点；通过与同伴在网络上交流学习，或寻求老师的在线帮助解决自己的疑点、分析自己的学习成果。教师可以全程监控学生的学习过程，如学生观看视频的时间、提出的问题、测试题的错误率等，甚至可以对学生上传的主观题进行批阅。教师在此过程中要进行必要的指导和参与学生的学习讨论。

（3）课堂交流与总结

进入课堂环节以后，教师根据学生课前的学习情况，总结全班共性问题，如平台中统计出的错误率高的测试题和提出次数较多的问题，在全班统一讲授加以解决。同时还可以组织学生分组交流复习中遇到的问题或有探究价值的问题，并开展讨论，进一步帮助学生完成知识内化的过程。为了减轻课后负担，将课后作业改成课堂小测的形式，对

学生进行针对性训练，加深其对物理概念的理解和对物理规律的掌握与运用。

（4）评价反馈——反思教学

一节课结束后，教师要进行适当的点评。在点评过程中，一是总结同学们在学习中的积极表现和态度；二要点评学生在学习过程中思维的“闪光点”与不足；三要反思复习目标达成度；最后再布置下一节课的课前学习任务单，对部分学有余力的同学还可以布置一些拓展性问题。

三、基于苏州线上教育中心平台的翻转式初中物理复习课堂的优势

1. *以学生为中心*。在传统复习课中，教师以梳理概念和讲解例题为主，学生有疑问的时候，会举手或者在课后找老师沟通。翻转课堂改变了这种模式。学生先在课前自主复习，课堂成了大家一起交流的空间。这种新型的教学方法，与“以教师为中心”的教学模式完全不同，老师从“知识传授者”变成了学生学习的指导者和答疑解惑者。这种方式，让教师实现了角色的改变，“以学生为中心”这一理念，更适应信息时代对中学教师的要求。

2. *个性化的教学*。这个信息化的课堂，与传统班级授课的模式相比，学生对自己的学习有了个性化的选择。在翻转课堂模式下，知识的传递转移到了课前，学生可以根据自己的实际情况调节学习进度，可以将视频暂停、回放和重播，直至学懂为止。这样就使不同层次学生的学习需求都得到了满足，真正实现了分层教学。在课堂上，学生可以将课前学习时遇到的疑问和困难反映给教师，从教师那里得到解答。教师也能够通过网络学习平台监控学生的学习进度和学习任务完成情况，了解学生的进展和弱项，然后对学生进行针对性强的个别指导。

3. *增强师生间的互动*。在翻转课堂中，教师与学生可进行一对一交流，也可将有相同问题的学生聚集起来给以讲解或演示。教师在学生看完课前教学视频后，在学生自主复习的前提下，进一步与学生沟通，这种方式可以促进学生对知识的理解，且能在解决学生困惑的同时，促进学生对知识的迁移。这种新型的交流模式，既能加深老师与学生间的联系，又能使学生进一步内化学到的知识，有利于教学质量的提升。

【参考文献】

[1] 张跃国，张渝江．透视“翻转课堂”[J]．中小学信息技术教育，2012（3）．
[2] 张金磊，王颖，张宝辉．翻转课堂教学模式研究 [J]．远程教育，2012（4）．
[3] 金陵．理解翻转课堂的三个关键点 [J]．中国信息技术教育，2014（7）．

（作者系苏州市振华中学校科技教育与信息处主任、高级教师）

聚焦四“点”，让线上教育更精准

——对高中数学在线课程的一点思考

□ 田　林

2018 年 5 月 30 日，由苏州市教育局建设推出的苏州线上教育中心平台实现 30 所直属学校全覆盖，名校名师的教学服务将通过互联网惠及这些学校的每一个学生，从而实现全市优质教育资源的共建与共享。

笔者所在的学校作为首批线上教育试点学校，紧紧依托苏州线上教育中心平台，深入开展在线课程研究，充分挖掘各类教学素材与资源，以微课、在线辅导、网络答疑等多种形式指导学生进行课后自主学习，真正实现了“离校不离教”。经过半年多的实践与探索，线上教育已然成为我校教师轻松驾驭、学生乐于接受的教学方式。为了进一步提升线上教育的精准性，笔者近期对所教班级的学生进行了一次问卷调查，调查结果显示，大部分学生都认为线上教育对他们的学习有帮助，他们普遍认为，与传统教育相比，线上教育不受时间、空间的限制，便于自主安排学习。同时，也有一些学生提出了自己的困惑：苏州线上教育中心平台的老师讲解的方法很好，可是自己的方法却不知道为什么不行。还有学生希望线上教育除了常见的知识讲解类课程外，还能提供更多具有趣味性与拓展性的内容。

针对学生提出的这些问题，笔者从数学的学科特点出发，以促进线上教育的精准性为导向，进行了一些思考与学习，现将自己的点滴收获整理如下，并结合线上教育的具体案例进行分析。

一、聚焦学生学习的“难点”，提升线上教育的有效性

线上教育作为网络时代的一种教学形式，并不是将传统的课堂教学照搬到互联网上，学生参与线上教育，也不仅仅是收看教师的教学录像。作为课堂教学的有益补充，线上教育必须聚焦学生学习的“难点”，才能提升其有效性。

案例1：一道压轴题的讲评

在最近的一次高三年级数学测试中，有如下问题：

已知A，B，C是半径为1的圆O上的三点，AB为圆O的直径，P为圆O内一点（含圆周），则$\overrightarrow{PA}\cdot\overrightarrow{PB}+\overrightarrow{PB}\cdot\overrightarrow{PC}+\overrightarrow{PC}\cdot\overrightarrow{PA}$的取值范围为________________。

此题是填空题的压轴题，难度较大，班级平均得分为0.136。面对这道难题，如果就题论题，学生只能被动接受，讲评效果肯定不会太好。于是笔者录制了微课《一道压轴题的讲评》。

首先，笔者帮助学生对数量积问题的三种求解思路进行了系统复习。

①定义法：$\vec{a}\cdot\vec{b}=|\vec{a}|\cdot|\vec{b}|\cdot\cos<\vec{a},\vec{b}>$;

②坐标法：若$\vec{a}=(x_1,y_1)$，$\vec{b}=(x_2,y_2)$，则$\vec{a}\cdot\vec{b}=x_1x_2+y_1y_2$;

③基底法：选择两个不共线的向量（通常是已知条件）作为基底，将所求向量的数量积用基底表示后，再进行计算。

然后笔者分别从学生的不同思路出发，逐步深入，帮助学生突破解题过程中的“难点”，最终得到三种不同的解法。在此基础上，笔者进一步引导学生对解题经验进行反思与总结：

①利用中点进行转化，如O为AB中点，则$\overrightarrow{PB}\cdot\overrightarrow{PC}+\overrightarrow{PC}\cdot\overrightarrow{PA}=\overrightarrow{PC}\cdot(\overrightarrow{PA}+\overrightarrow{PB})=2\overrightarrow{PC}\cdot\overrightarrow{PO}$;

②利用向量运算进行转化，如$3\overrightarrow{PC}^2+4\overrightarrow{PC}\cdot\overrightarrow{CO}=3(\overrightarrow{PC}+\frac{2}{3}\overrightarrow{CO})^2-\frac{4}{3}\overrightarrow{CO}^2=3(\overrightarrow{PC}+\frac{2}{3}\overrightarrow{CO})^2-\frac{4}{3}$;

③利用余弦定理进行转化，如$\overrightarrow{PA}\cdot\overrightarrow{PB}=\frac{PA^2+PB^2-AB^2}{2}$。

这样学生就可以在潜移默化中形成自己的解题策略。

二、聚焦学生学习的“疑点”，提升线上教育的针对性

课堂教学由于受到学时的限制，一些内容不能进行深入研究，这就不可避免地会使一些爱思考的学生产生疑问，于是我们可以通过线上教育，帮助学生答疑解惑。因此，线上教育不是课堂教学的简单重复，而是课堂教学的补充与延续，线上教育要关注学生学习中的“疑点”，提升线上辅导的针对性。

案例 2：导数的求导法则

导数是高中数学的重点与难点，在导数的学习中，求导法则是基础。教材通过一个例题，得到两个函数和的求导法则，而两个函数积与商的求导法则则直接呈现给学生。虽然学生都能记住这些公式，但这些公式是怎么来的，却让一些学生想不明白。于是笔者准备了一节微课《导数的求导法则》。

首先，提出问题：函数$g(x)=x\ln x$的导数怎么求呢？

接下来，引导学生利用定义推导函数$g(x)$的导数。

$$\frac{\Delta y}{\Delta x}=\frac{g(x+\Delta x)-g(x)}{\Delta x}=\frac{(x+\Delta x)\ln(x+\Delta x)-x\ln x}{\Delta x}$$

$$=\frac{(x+\Delta x)\ln(x+\Delta x)-(x+\Delta x)\ln x}{\Delta x}+\frac{(x+\Delta x)\ln x-x\ln x}{\Delta x}$$

$$=(x+\Delta x)\cdot\frac{\ln(x+\Delta x)-\ln x}{\Delta x}+\frac{(x+\Delta x)-x}{\Delta x}\cdot\ln x$$

$\Delta x\to 0$ 时，$(x+\Delta x)\cdot\frac{\ln(x+\Delta x)-\ln x}{\Delta x}\to x\cdot\frac{1}{x}$，$\frac{(x+\Delta x)-x}{\Delta x}\cdot\ln x\to\ln x$，

从而，$\frac{\Delta y}{\Delta x}\to 1+\ln x$，即函数 $g(x)=x\ln x$ 的导数 $g'(x)=1+\ln x$。

在此基础上，让学生自主探究函数$f(x)=g(x)\cdot h(x)$的导数，从而更好地理解两个函数积的求导法则的意义。

三、聚焦学生学习的“增长点”，提升苏州线上教育中心的差异性

在设计在线课程时，我们常常通过设置不同难度的问题，让学生由浅入深，拾阶而上，这些不同难度的问题其实就是学生学习的“增长点”。苏州线上教育中心面向的是不同层次的学生，要使这些学生都有收获，就必须提升线上教育的差异性，也就需要教师聚焦学生学习的“增长点”。

案例 3：基本不等式的综合应用

基本不等式的综合应用问题由于形式多变，技巧性强，一直是学生学习的难点。在高三复习过程中，笔者借助微课《基本不等式的综合应用》，以问题串的形式对一道高考试题进行了多角度、全方位的研究。

问题 1：若$4x^2+xy+y^2=1$，则$2x+y$的最大值为________。

此题是一道浙江省高考试题，笔者首先引导学生利用多种方法进行求解。在此基础上帮助学生梳理求解基本不等式问题的常见思路与方法。

然后给出一道变式问题，让学生利用已有方法进行求解。

问题 2：已知x，$y\in R$，且$4x^2+y^2-xy=1$，则x^2-y^2的最大值为________。

由于改编以后原方法“失灵”，学生只能重新审视目标“x^2-y^2”并调整解题思路。注意到$x^2-y^2=(x+y)\cdot(x-y)$，而为了使问题变得简单，学生容易想到换元，于是问题转化为：

已知$a^2+\frac{3ab}{2}+\frac{3b^2}{2}=1$，求$ab$的最大值。

最后再给出一道变式问题，让学生在已有解题经验上尝试求解。

问题 3：设实数x，y满足$\frac{x^2}{4}-y^2=1$，则$3x^2-2xy$最小值是____________。

通过这一系列的改编，学生不仅解决了问题，更看清了问题的真“面目”，这样，不同层次的同学都能够在积累解题经验的同时提升各自的解题能力。

四、聚焦学生学习的“兴趣点”，提升苏州线上教育中心的趣味性

作为信息化时代的必然产物，线上教育除了能够帮助学生巩固知识，提升能力，更应该激发学生的学习兴趣，培养学生的创新意识与创新能力。这就需要广大教师聚焦学生的“兴趣点”，开发、设计一些学生喜闻乐见的线上趣味课程。

案例 4：斐波那契数列

《斐波那契数列》是苏教版数学必修 5 第二章《数列》中的一个阅读材料。教材编入这样的阅读材料有其用意：一是使教材符合不同层次学生的发展情况，便于教师发挥教学的创造性；二是帮助学生在理解、掌握数列知识与方法的基础上开阔视野、探究新知，渗透数学文化。由于不是考试内容，很多老师通常不会安排课时进行课堂教学，学生大多也只是一看了之。但是，《斐波那契数列》具有很好的史学教育功能，除了能够帮助学生实现数学思想方法的内化外，还能够培养学生自主探究的能力，并且其中的很多内容足以打动每一个学生。于是笔者录制了一节微课《斐波那契数列》，赏析数学之“美”是贯穿整节课的文化线。考虑到学生在初中学习了黄金分割，并且斐波那契数列与“黄金比”联系紧密，笔者进行教学设计时先由校园之美过渡到与美有关的数，从而引出黄金比及动态逼近黄金比的数列——斐波那契数列。

然后通过图片、视频以及一些数学史料，带领学生遨游数学海洋，欣赏数学之美。

观看了这节微课后，同学们都兴奋无比，他们都觉得斐波那契数列就像一扇窗户，他们透过它看到了一个精彩纷呈的自然世界，与此同时还发现了蕴藏在自然世界之中的数学之理。

以上是笔者全程参与线上教育的一些思考与实践，相信在广大教师的努力下，苏州线上教育中心平台一定能够满足学生对教育资源多元化的需求，有效促进苏州教育的均衡优质发展，让我们的教育更高效，更精准！

（作者系苏州市第五中学教师、苏州市区数学学科带头人、中学高级教师）

基于苏州线上教育中心平台开展高中化学混合式学习的思考

□ 陈 瑶

【摘要】混合式学习方式日益受到重视。本文以化学《溴、碘的提取》教学内容为例，从混合式学习环境的建设、课程资源的利用、线上线下教学活动的组织协调等方面入手，谈基于苏州线上教育中心平台开展高中化学混合式学习的思考。

【关键词】混合式学习，学习环境，课程资源

混合式学习是面对面学习和计算机辅助在线学习的结合[1]。混合式学习方式日益受到各界的重视，无论是中小学还是高等院校都在积极进行混合式学习的探索。美国新媒体联盟2015年发布的《地平线报告》基础教育版和高等教育版同时指出：加速K—12教育和高等教育领域技术应用的关键之一是这两个领域更多地采用混合式学习的方式。

2017年版高中化学课程标准指出：高中化学课程必须立足于学生适应现代生活和未来发展的需要……通过有层次、多样化、可选择的化学课程，拓展学生的学习空间，在保证学生共同基础的前提下，引导不同的学生学习不同的化学，以适应学生未来发展的多样化需求。[2]

苏州线上教育中心的推出，为广大师生尝试混合式学习提供了强大的平台支持，本文拟以化学《溴、碘的提取》教学内容为例，从混合式学习环境的建设、课程资源的利用、教学活动的组织、线上教学与课堂教学的协调等方面入手，谈基于苏州线上教育中心平台开展高中化学混合式学习的思考。

一、创设合作探究、开放互动的学习环境

在混合式学习中，既有网络在线学习，也有实体课堂学习，融合了二者的优势。依据高中生年龄和学习时间的特点，高中化学混合式学习以线下主导、线上辅助为主要模式，即以师生面对面的现场教学、交流、讨论为主导，以基于网络和移动技术的教学为辅。把传统的物化的学校学习和E-Learning（即数字化或网络化学习）线上学习有机地结合起来，借助苏州线上教育中心平台，为学生创设一个合作探究、开放互动的化学学习环境。

建构主义学习环境具有真实学习情景、合作学习、注重问题解决等特色。在学习环境中，高级复杂的知识内容，都是以具体情景中的问题呈现的，并有大量相关的案例，学生要借助相关的信息和案例，在解决情景性问题的过程中获取知识，提升能力。

在《溴、碘的提取》一课教学中，首先要创设具有真实问题背景的学习环境。为什么要学习溴和碘的提取？为什么要从海水中提取溴和碘？怎样从海水中提取溴和碘？课前，教师可以制作生动活泼的微课，从溴、碘在日常生产、生活中的用途出发，引导学生以小组为单位上网查询资料和收集信息。课中，小组实验鉴别三种无色溶液（NaCl、NaBr、NaI），归纳总结三种卤素离子的检验方法和卤素单质的性质差异；小组学生代表交流展示从海水中提取溴、碘的方法，分析工业制备方法中的氧化还原原理。课后，布置在线基础知识自测和线下纸笔作业，让学生对海水中提取溴、碘的常见工业制备流程进行分析总结，画出流程图，培养学生综合运用能力。教师还可以根据学习内容为学生提供相关资料检索链接，如秒懂百科的微视频《一分钟了解碘》《盘点碘的七大作用》《甲亢的诱发因素》《一分钟了解溴》等，按照学生个人的时间和兴趣，供学生选择学习。

教师利用苏州线上教育中心平台的“课程中心”设计好上述的课前、课中和课后任务，开展问题讨论、学习提示和成果交流。平台提供手机App、微信、平板电脑和家庭个人电脑4个端口途径，可随时随地访问学习。同时，问答中心为学生答疑解难提供了支持环境，教师手机端登录后，可以即时接收学生的提问而快速方便地进行解答。

二、建设结构清晰、丰富多元的课程资源

为了突破课堂对“教”与“学”活动在时间、地点等方面的限制，保证学生在想学习的时候时时处处都能得到丰富的学习资源支持，混合式学习中课程资源建设，尤其是线上课程资源的建设就显得尤为重要。

资源的合理组织架构是提高资源可用性和用户黏着度的关键。课程信息资源，在内容上应去繁就简、逻辑清晰、层次分明，能够让使用者较容易地掌握其中的逻辑结构和

层次关系。在苏州线上教育中心平台查询《溴、碘的提取》课程资源时，会发现左侧为高一学段化学必修 1 的课程目录，能够看到目录内容是按教材编写的，结构清晰。右侧为氯、溴、碘及其化合物的单元学习资源，资源内容有重复，缺乏逻辑顺序。学生在平台上选择学习时，因资源结构的不清晰和重复而面临一定的选择困难，同时也可以看到，此课程资源点击量有限。

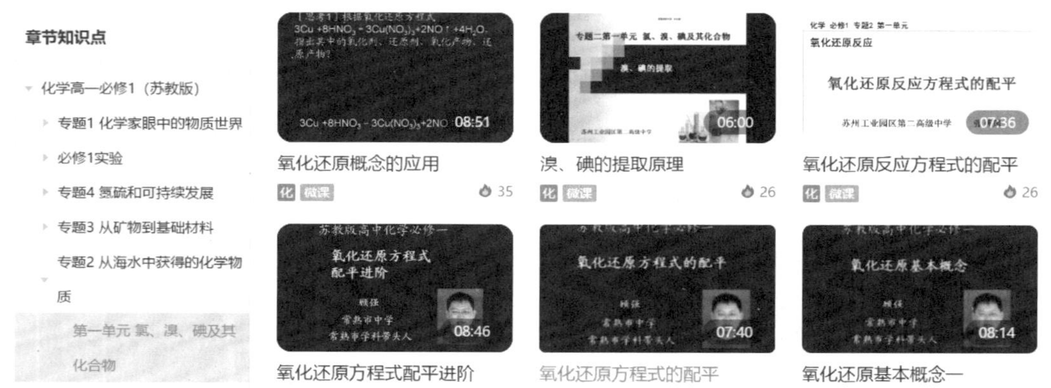

在课程资源的建设中需要特别注意资源的系统性，以及教师课堂所用资源与线上资源的对应性。笔者从相关的教学研究中发现，如果课堂所用资源与线上资源对应关系较差，甚至使用完全不同的教学资源，就会造成学生线上学习和课堂学习对接困难，学习逻辑混乱等问题。线上拓展学习资源需有详细说明或提供使用指南，以便学生快速甄选。

在利用好“资源中心”的优秀微课基础上，教师可以用好“课程中心”的个人电子教材、课件资源的上传和“学习中心”的试题发布，为学生的自主学习提供必要资源支持和评价检测。为了便于检索，进一步提高资源的可用性，可对内容较多的子模块按章节进行分类排序，各子模块配合线下课堂进度和老师布置的教学任务进行时序性在线开放。

三、融合线上名师与线下教师的教学过程

良好的学习效果很大程度上取决于精心的课程设计。每周末苏州线上教育中心都有各学科的全市名优教师开设单元复习的线上直播课程，供全市学生选择收看和提问互动。如果学生错过收看时间，可以后期选择录制的视频进行学习。

学科教师可以把名优教师的单元复习课程与自己的新授课紧密结合起来。例如《溴、碘的提取》新课后，星海实验中学王素珍老师开设了氯、溴、碘及其化合物的单元复习课，把溴、碘的工业提取流程题进行了示例和归纳。教师如果能在周末作业中布置学生对新

课中溴、碘提取的流程图的书写进行复习回顾和整理总结，那么，周末上王老师的直播课时，学生就能提高听课效率，较好地提升综合应用能力。

教师和学生可以通过收藏功能，把录像课收藏到“我的资源”，以方便后期继续学习。平台的欠缺是，名师直播课的视频资料目前还没有按照教材的章节体系编排，只在直播中心按日期排序。为方便老师和学生后期再查找调用，建议将这些课堂资料以教材的目录为顺序编入相关模块章节。同时，教师也无法把选定的优质录像课直接推送给任教班级学生，也不能个性化地对视频资源进行编排重组和推送。

以上，通过对学习环境的建设、课程资源的利用、线上线下教学活动的组织协调的分析可以看到，苏州线上教育中心不仅能提供课程视频资源，还能引发教师教学方式和学生学习方式的变革。在信息技术和网络时代的背景下，学生获取信息的渠道不再局限于书本，我们可以借助苏州线上教育中心，为学生提供有层次、多样化、可选择的课程，拓展学生的学习空间。并且，对化学教师而言，基于线上平台的混合式学习的研究本身也是一种挑战。教师在参与课程开发、课程设计、课程实施和评价的过程中，能够最大限度地发挥自己的专业性和创造力，有利于化学教师的专业成长。

【参考文献】

[1] 詹泽慧，李晓华. 混合学习：定义、策略、现状与发展趋势——与美国印第安纳大学柯蒂斯·邦克教授的对话 [J]. 中国电化教育，2009，（12）：1-5.

[2] 中华人民共和国教育部制定. 普通高中化学课程标准 [S]. 北京：人民教育出版社，2017.

（作者系江苏省苏州第十中学副校长）

线上教育如何影响了我们

□ 彭益磊

由苏州市教育局建设推出的苏州线上教育中心，是以“苏州名师全过程全免费”为核心理念，统筹全市名优教师资源并贯通线上、线下与课内外的全免费网络学习平台。中心面向全市150万师生和280万家长提供名师课程资源、名师网络答疑、名师在线直播及学习行为数据分析四大类教育服务。

苏州线上教育中心是一个“将学校、学生、家长作为传播者、获益者以及监督者”，促进三者融合与联系的平台。根据学生所在的年级，中心自动匹配对应学段各学科的章节课程及知识点，学生不仅可以看到中小学全学段全学科课程视频资源，还能以文字、图片、语音和短视频等形式向教师提出学习中的疑惑，教师则会通过网络及时与学生沟通。此外，学生还可以收看教师在线教学直播并实时互动。平台还可以根据学生在平台上的学习、互动与思考痕迹，生成专属于该生的数据分析，并向学生精准投递个性化学习建议，有效加强其学习的科学性和针对性。

我校自2018年7月开始全面使用苏州线上教育中心，至今已有4个多月，成效卓著，受到了教师、学生和家长的很多好评。同时也发现了一些不足和值得思考的地方。笔者将通过线上教育对学校、学生、家长三个方面的影响进行阐述和讨论。

一、线上教育之于学校

1. 大数据时代下提升教师信息化水平

在大数据时代的今天，苏州线上教育中心的出现对于教师们信息化水平的提升和课堂的有效改革起到了极大的助推作用。教师想要在线上进行授课，就必须掌握比平时多媒体教学更为丰富的信息语言，做到流畅、顺利地授课、答疑以及反思。教师信息化水平的提升“迫在眉睫”。在这样的大环境下，我校在全员集体培训后，成立了专门的苏州线上教育中心管理组，对苏州线上教育中心平台的操作、实施以及常见问题的答疑形成规范化流程，以学科小组为单位，教师互帮互学，做到每一位直播教师能够完成每一次直播课程。

2. 加强组内教师授课互补、合作

我校自 7 月使用苏州线上教育中心平台以来，已开设了数学、语文、英语、物理、化学五个科目的线上教学。在每周固定的教研活动中，加入了组织苏州线上教育中心平台授课的教学规划和课程安排，目标是将每一位教师的“特长”展示出来。每一个学科的任课教师以自己所教授的年级为单位，以课本为标准，制定每一单元或者知识点所对应的“最完美教师”方案。值得一提的是本校的“导学案”将课前预习、上课讲解、课后复习、线上答疑的过程衔接得更为自然和妥帖，是学生自学、老师讲学、学生复习、师生自主答疑相结合的高效学习方式。教师可以通过观摩平台上的资源，各个学校名教师的线上教学，进行在线的“同题异构”教学，这使得教师的交流变得快速、高效。我校也结合线上教育平台的这一优势，要求各学科教师观看优秀的线上教育教学视频，从而提高自己的教学水平和能力。同时，通过大数据分析，发现身边的“网红教师”，进行良性竞争。

二、线上教育之于学生

苏州线上教育中心真正的受益者是学生，我校作为苏州市流动人口积分入学学校，有很大一部分的学生都是“随迁流动子女”，让这些学生享受到苏州的优质教育一直是我校努力实施的一个目标。

苏州线上教育中心实现了教育资源的共享和最优选择，更大有效地将传统的课堂和线上教育相结合，符合“苏式教育”对学校的要求，学生在课后除了能够在线观看本校教师的授课和答疑，也能够同步地观看苏州市各级名师的课程讲解并参与其中的答疑环节。平台给学生提供了一个社区化的知识交流平台，学生可以在更为广泛的范围内进行学习、交流和讨论，丰富看问题的视角，提高沟通和交流能力。

三、线上教育之于家长

“是否鼓励孩子用手机”一直是近期各媒体争相讨论的一个问题，大数据时代的今天，使用各种电子信息手段获取知识几乎已经是一个人必须具备的能力，而如何正确地引导孩子对于电子信息的使用则是比讨论“是否鼓励孩子用手机”更为有意义的一个话题。苏州线上教育中心的第4个服务功能——学习行为数据分析，就是对家长最好的反馈。家长可以通过线上教育平台提供的孩子“学习行为数据”，从孩子的“兴趣爱好”“常见问题”“薄弱的科目”以及“最喜爱的老师”来分析孩子在学习中所产生的种种值得被关注和认可的方面，用一种“不动声色”的方法全面地了解自己孩子的学习。

苏州线上教育中心平台将一个“移动的开放课堂”展示在家长的面前，家长可以随时随地地了解自己孩子的任课教师的教学情况，这有效地搭建了家校之间沟通的桥梁。

（作者系苏州市第十二中学校教师）

浅谈学校主导的线上教育实践

——以苏州市立达中学校为例

□ 陆广杰

网络在线教育最早引起社会关注，是在21世纪初，而以“可汗学院”为代表的慕课的兴起开启了在线教育新模式。我国的在线开放课程自2013年起得到大规模发展[1]。这些在线教育平台具有开放性、共享性、互动性等多种特点，突破了传统课堂教学的时间和空间限制，丰富了我国的教育形式。

随着近几年在线教育的深入发展，很多高等院校相继开发线上课程，引领教育行业的“在线热”。随着互联网企业和教育培训机构的加入，线上教育开始面向社会大众。根据相关研究，我们可知目前我国各类线上教育产品已达200多个，其中绝大部分是社会性质的，并以商业盈利为目的。因此，这部分教育产品也存在着同质化竞争、教育资源良莠不齐、教育内容不全面、教学质量难以保证等问题[2]。

一、立达的线上教育实践

（一）实施背景

党的十八大以来，国家强调要办好人民满意的教育，要求加快深化教育改革，促进教育公平。在线教育作为一种全新的学习方式，正式被提上日程。2017年起，苏州线上教育中心统筹全市名师、优师资源，结合各学校师资，自上而下构建了全面系统的网络教学平台，为学生学习提供服务。

学校学生每天的在校时间不足10小时，课程学习时间非常紧迫，导致很多学生对一个时间段内学习的知识存在疑问，很难及时得到解答。很大比重的学生参加各种课外辅导班，一定程度上增加了家庭的教育支出。相较于教学质量难以保证的课外辅导机构，我校有一支优秀且有教学特色的师资队伍，但他们却难以发挥课后辅导的作用。

（二）线上教育的具体实施

1. 做好教师培训，提升教学技能

我校大部分老师具有丰富的信息技术教学经验，在微课和翻转课堂方面具有较好的应用基础。通过学校组织的线上教育相关培训，对在线授课有清楚的认识。信息技术具有一定互通性，很多老师能够联系到课堂需求，在平时的授课中使大部分多媒体技术得以体现。

2. 布置教学任务，妥善安排分工

学校布置的线上授课任务以语、数、外等中考科目为主，而暑期的直播课程则覆盖了所有学科。学期内的线上直播课程一般被安排在周五晚上和周末，以便指导学生复习和预习，巩固学生的已学知识。

在教学分工方面，每节课按主题构成相对独立的课时，由一名经验丰富且具有教学特色的老师讲授，组内其他老师则在准备过程中帮助指点和磨课，有时也有双师共同授课的案例。

3. 注重试播演练，总结分享经验

由于线上课程以直播的形式展现，每一名线上教学的老师都非常关注试播环节，学校信息装备处负责保证设备的稳定运行，确保教师授课的顺利。虽然每次直播仅有一节课的时间，但背后是授课教师用时数天的精心准备。由于直播课程缺乏面对面的互动交流，学生直接面对的是屏幕中的课件。因此在准备课程资料时，很多老师非常注意对幻灯片的排版和设计，以使学生得到更好地学习体验。

在授课中，教师会根据“弹幕”有意识地与学生互动，调动学生兴趣，实时了解学生的线上学习情况。一些老师线上授课后，会总结每次经验，在相互分享中把握教学的方法。

（三）线上教育组织中的特色

1. 教学内容丰富，学科主题新颖

我校已播出的线上教育课程可分为习题讲评、学科预习和复习、课本内容延伸学习和专题知识介绍四个类别。数学组和英语组依据章节安排课时，提供了大量的课程资源，直播课程中，复习课和习题讲评课并举，保持着高质量的教学效果。语文组重视学生写

作与阅读水平的提升，通过线上教学培养学生的写作能力，多位老师开设了名著导读课，带领学生品味名家作品。在暑期课程中，物理和化学学科重视学生兴趣的培养和知识衔接；其他学科则多开展主题式教学，结合时代热点对课本知识进行延伸，寓教于乐，开设了一些主题新颖且构思巧妙的课程。

2. 教学形式多样，关注情境互动

传统的线上授课形式主要有两种，一是在录播教室内边录制边上传，通过这种方式，学生可以见到老师教学时的行为，比较具有直观性；二是直接通过共享屏幕开展教学，学生可以贴近教学内容，但是缺少了对老师的关注[3]。从我校的直播课程中发现，一些老师对线上授课的形式进行了改进。如历史组在《宋元时期的科技成就》中引入双师课，两位老师在交谈和互动中对课程内容进行讲授，改变了教师单独讲授的单一教学氛围，提升了学生的观看效果。还有老师在授课中运用电子白板和加入学生辅助教学，这些紧密贴合学生学习情境的方法，非常有助于鼓舞学生在线学习。

二、学校主导的线上教育发展建议

1. 发挥教师队伍优势，推进教育公益化

与社会上各种培训机构的性质不同，教育部门搭建的线上教育平台，真正着眼于为学生的学习提供服务，让学生可以更便捷地享受优质、免费的教育资源。教育部门和学校要利用好教师团队在教学方面的专业优势，发挥学校的公益性质，改善线上教育的整体环境。一方面，在线学习可以让学生家庭有选择地减少课外辅导支出；另一方面，线上资源的共享有助于推进社会教育公平。

2. 完善线上平台建设，提高线上资源利用率

线上平台应具有良好的稳定性、运行流畅性和及时的互动性[4]。同时，支持线上教育平台的技术还需要完善，一些教学动画尚不支持，使得学习内容缺乏必要的直观体验。需要指出的是，目前已有大量教学资源被保存在平台上，但是很多只在学生初次学习时被点击，并且收看率并不高。如何提高这些优质教学资源的利用率，依然需要进一步的努力。

3. 提高教学趣味性，重视教育教学评价

线上教学不同于课堂教学，学生对课程的喜欢与否，除了授课内容的安排和课件的设计，关键还在于教师的讲授风格。课堂教学的模式并不适用于线上教学，提升言语和内容的趣味性，有助于学生思维的集中；及时提供测试和练习环节，当堂反馈，则能使

学生及时发现自己在学习过程中的薄弱环节并加以改进，达到课堂教学的互动效果。

4. 借鉴外部先进经验，促进教育质量全面提升

国内外的线上教育起步早，积累了很多宝贵经验。欧美国家的线上教育能在各个学段不同程度地辅助学校教学，西方教育关注学生个体差异，在教学内容、教学进度和考核评价方面都为学生提供个性化服务[5]。国内方面，“新东方”“海风教育”等结合年轻化的师资和高质量的管理，在线上教育方面获得了较好的社会口碑，电子白板加上特色的个性教学，一定程度上提高了互动效果。这也为学校线上教育质量的提升提供了新的思路。

三、结语

传统教育正处在变革阶段，新的教育理念和教学组织形式不断涌现，在线教育必将成为学校教育的有效补充。当前，线上教育项目已经在各个学校推广进行，有关其实施效果和影响方面的相关研究还很缺乏。苏州线上教育中心一方面面临着学生意愿和家长支持程度的双重考验，另一方面还需要妥善处理好学生和电子设备的联系，这也为今后的工作提出了新的要求。

【参考文献】

[1] 陈琪琳，鲍浩波．中国在线教育发展的历程与现状 [J]. 高等教育出版社，2014，（26）：189-190.

[2] 蒋大成，王朋宇．中国在线教育的现状和发展对策研究 [J]. 人才，2015，（9）：68-69.

[3] 杨成．在线授课教师教学行为有效性的研究 [J]. 中国教育技术装备，2009，（12）：11-12.

[4] 管佳，李奇涛．中国在线教育发展现状、趋势及经验借鉴 [J]. 中国电化教育，2014，（08）：62-66.

[5] 冉兆春．英国在线教育发展特色及启示 [J]. 教育与职业，2013，（22）：108-109.

（作者系苏州市立达中学校教师）

浅议苏州线上教育中心资源的迭代与优化

——以部编版初一语文上册资源为例

□ 曹大赟

随着信息技术的突飞猛进，互联网正在不断突破传统课堂的时间、空间，包含学校教学组织形式、学习场景、管理模式等元素在内的教育生态正在被数字化革命重新塑造和建构，资源信息唾手可得，时时处处都可以学习。

互联网世界的信息包罗万象，同时也“良莠不齐”，甚至有鱼目混珠的情况。因此，互联网带来学习过程便易性的同时，也提高了梳理和甄别学习内容、构建知识系统和进行有效对话的必要性和紧迫性。对学生，尤其是对学习习惯处在待培养中、学习能力处在待提高中、心性品质处在待淬炼中的中小学生而言，学习资源和信息的梳理、诠释，疑难问题的及时有效解答，自然尤为重要。以由教研员统筹推进的名师直播课程资源为核心、以即时回应的在线答疑为突破口、以多维学习引导及促进学生自主学习和自我发展为目标的立体平台——苏州线上教育中心（xs.szjyj.gov.cn）自然是对这种必要性和紧迫性的及时、最佳回应，该立体平台平时贯通线上线下与课堂内外，其信息化、智能化的特点为学生的自主学习、自我管理和全面发展搭建了数字化、高品质的“脚手架”。

一、资源：量化与细化、涵盖与指向的交锋

“互联网 + 教育”是当今教育发展的新常态，教育资源则是建立教学联系、使线上教育充满并保持活力的核心。

苏州线上教育中心名师荟萃，资源丰富。据统计，自启动以来，该平台登录数已超

过60万人次，日均访问量24734人次。各类名师共计上传微课29287节、课件1052个、测验1898个、习题5327道。其中，微课资源覆盖了小学、初中、高中主要学科的全部章节和知识点，截至目前，总计223万人次观看，人均观看微课资源15.3次。截至10月，该中心共开展覆盖小学、初中、高中主要学科的市级名师网络直播课339节，总在线观看量达到10万人次，课程回放观看量超过27万人次，场均观看人数逾千人。[1] 根据直属某学校学生账号2018年12月2日登录的统计数据，苏州线上教育中心的“部编版初一语文上册”部分共有共享资源572个，点击量最高的为4015次，点击量超过1000次的资源有10个[2]。

如果细化分析，我们则会看到这样的数据：点击量超过1000的资源共10个，占572个资源的1.75%；点击量超过100的资源共29个，占572个资源的5.07%；点击量低于10的资源共310个，占572个资源的54.20%。

如果在“资源中心”点击“第一单元”，则出现1个资源——时长10分23秒的《梦幻游乐园——借景抒情》（点击率为17次），点击其他单元都“暂缺”。

可见，“部编版初一语文上册”具体到章节、课文等的教育资源还很不够，需要及时、大量开发。同时，资源的确是重点和关键，但真正赋予线上教育活力的是学生的自主选择——是选择“指定性资源”，还是“意向性资源”？是选一节完整的“录播课”，还是选择自己感兴趣、有疑难的知识点或话题？在开发资源时，我们还要充分考虑资源的多维性、再生性和演化性的生态属性和学生的多元化、个性化需求。在追求“量化”的同时突出“细化”、在追求“涵盖”的同时突出“指向”，将资源落实到每一个细小的“章节知识点”，才能充分体现苏州线上教育中心的“脚手架”功能。

二、迭代：更新与丰富、多元与多维的交汇

当前“互联网+教育”的发展主要还是处在利用互联网搜索并分享教学资源的阶段，当然，优质教学资源的开发和共享，始终是建立教学联系、使线上教育充满并保持活力的核心。与此同时，对自己任课教师的喜爱、对大师名师的崇拜、对高点击量资源的好奇，以及新颖话题和思维碰撞的吸引等，使得学生往往对多元多维、高质量、可选择的课程资源保持着较高的学习兴趣。因此，要充分激活“脚手架”，就还需要在追求“量化”和“细化”、追求“涵盖”和“指向”的同时，追求“多元与多维”。不同的名师往往有不同的解读视角和解析切入点，不同的角度往往能得到不同的理解和结论，资源的“多

元与多维”是学生获取知识、发展思维的重要保障，因此，在同一个“章节知识点”的框架内，应该有着“多元与多维”的教育资源。

目前，“部编版初一语文上册”版块的名师资源暂时未加归类整理，大多“堆积”在“共享资源”部分。在该版块搜索关键词“西游记”，就可以得到41个教学资源（暂时未知搜索结果的排序规则）。但是，输入关键词“春”，我们看到的则是众多的无序的资源；只有输入关键词“《春》”，才能得到关于朱自清《春》的7个学习资源。

三、优化：稳定与发展、前沿与前线的交融

输入关键词“《春》”，能得到关于朱自清《春》的7个学习资源，但点击“第一单元”及目录下的“春”，却面临找不到、看不见相关资源的窘境，这在一定程度上挫伤了学生登录苏州线上教育中心学习的积极性。因此，苏州线上教育中心眼下迫切的工作是在更新的同时保稳定、促发展，要将“各类名师共计上传微课29287节、课件1052个、测验1898个、习题5327道”与“章节知识点”建立起一一对应的关系，不至于出现在“资源中心”点击“第一单元”，只“出现1个资源——时长10分23秒的《梦幻游乐园——借景抒情》（点击率为17次）”，点击其他单元则都暂缺。

结构的优化还可便于资源的搜索与学习。依次点击“资源中心”“章节知识点”“第一单元”“阅读”“春”，得到的是一个时长10分23秒的微课资源。然而“29287节微课、1052个课件、1898个测验、5327道习题”中，一定有一部分资源与“春”（《春》）相关，从优化的角度看，完全可以在该课题的下面设置“教学直播”“相关信息”“作业反馈”等版块，使资源排列得更加有序，使学习更加高效。

自然，资源内容的优化才是关键和根本。互联网教育平台的长处主要是简易搜索与即时分享，但完善的知识体系、多维多元的对话明显优于碎片化的陈述性知识积累，实现“程序性知识”的转化、构建知识体系、提升学习者的思辨能力也是平台优化的重点和核心。

在“部编版初一语文上册”版块搜索关键词“西游记”，就可以得到41个教学资源。但这41个资源的标题多是“名著阅读梳理”“名著导读”“分享阅读”等，这些标题未明确指出资源的着力点，未能增加资源的吸引力，因此点击量普遍不高，平台自然就缺乏活力。

教学的核心不是传授，而是对话，在对话中传承与建构知识体系。资源中心每一个课程资源下的“简介”（具体子项目是“资源描述”）和“评论”两部分组成的多元评价（自我评价和第三方评价）便是开展对话、实现教学的传承与建构功能的重要路径。

苏州线上教育中心的“部编版初一语文上册”部分的572个共享资源中，多数资源的“资源描述”都是“暂无资源描述”；其“评论”部分也多是空白——“共0条评论”；部分有评论的资源的“评论”中，有的评论毫无意义也还是被“即时播出”，以致学生都忍不住咨询“那个××中学的××的评论怎么不被删除”。因此，建议资源的“简介”应设置为“必填项”，突出设计者的设计意图和该资源的重点、亮点，资源的“评论”部分建议置顶学科专家的点评，甚至是“亮点”时间段的推荐、同一知识点的不同资源的优缺点等，让学生选择更精准，从资源的差异化、系统化等角度实现资源的迭代与优化，更快更好地实现苏州线上教育中心的新目标——“2019年，中心将实现全市四市六区150万师生和280万家长全覆盖，让全市中小学生平等便捷地享受优质公益在线课外教育资源。未来，将不断丰富和完善苏州线上教育中心综合课程，提供科技、心理、艺术、STEM等方面线上线下混合式教育教学。依托各类大数据，为师生提供精准推送，让苏州线上教育中心切实助力学生全面发展。”

【参考文献】

[1] 赵鸣．苏州线上教育中心为家庭节支6000万[N]．江苏教育报，2018-11-23（2）．
[2] 林艳．网络课程中学习资源的生态化设计研究[D]．浙江师范大学，2013.

（作者系苏州市振华中学校副校长、高级教师）

我看线上教育

□ 王丽娜

2018 年 5 月 30 日，由苏州市教育局推出的苏州线上教育中心平台正式实现直属学校 30 所中小学全覆盖，将更多名校名师的教学服务通过网络惠及全市学生，推动全市优质教育资源的共建共享。

苏州线上教育中心是以“苏州名师全过程全免费”为核心理念，统筹全市名优教师资源并贯通线上线下与课内外的全免费网络学习平台。该平台主要面向师生及家长提供名师课程资源、名师网络答疑、名师在线直播及学习行为数据分析四大类全免费的教育服务。

根据学生所在的年级，苏州线上教育中心将自动匹配对应学段各学科的章节知识点，学生可以以文字、图片、语音和短视频等形式向教师提出学习中的疑惑，教师则会通过网络及时与学生沟通。此外，学生还可以在“直播中心”模块观看全市名师直播课并与名师实时互动。

暑假期间，学校也积极参与苏州线上教育校内直播和答疑工作，我有幸参与了该项目的统筹与落实工作。暑假期间，学校有近 70 位老师参加直播和答疑辅导，科目涉及语文、数学、英语、历史、地理、政治、化学、物理、生物和美术 10 门学科，让学生真正做到放假不放学。通过老师一个个专题知识的讲解，学生们针对自身的情况进行查漏补缺。苏州线上教育中心一方面给学生搭建了一个学习的平台，丰富学习的资源与途径，提升了学生自我学习的能力，另一方面也强化了老师的业务能力；毕竟是直播课，对于教学语言的规范性和严谨性要求更高了。

这项教育民心工程在具体实施的过程中也存在一些问题。在数据统计中我们发现，不管是市级直播课还是校级直播课，学生上线率都不是很高，与一些培训机构的实体课、网络课很难“抗衡”，为此我也和我们的年级组长、班主任进行了沟通，在沟通过程中也发现了一些问题。

一、课程体系缺乏完整性、系统性

实体课一节连着一节，把知识点分解在每一节课中，连续性比较强，然而线上教育的学科课程种类虽然很丰富，但从单个学科来讲，它缺乏连续性，一门学科的直接时间会间隔好几天，甚至是两三周的时间，使学生的学习过程间断。

二、直播课的老师不固定

虽然苏州线上教育中心直播课的老师都是学科名师，具备丰富的教学经验，有诙谐幽默的教学语言，对教材的把握也非常精准，但师资力量不固定，站在学生和家长的角度考虑，他们更希望有一个固定的老师，相对了解自己孩子的学习情况，而不是每次都让学生体验不同的教学风格。

三、直播课教学内容层次不明显

虽然直播课的老师都是名师，教学水平很高，但未必适合所有的学生。学生个体存在差异，有的学生基础很好，他觉得直播课对他来说是一个很好的补充，能让他更深刻地理解知识，温故知新；但有的学生基础比较差，未必能接受该直播课教学内容的难度。

四、缺乏及时反馈与即时评价

直播课主要以教师讲为主，对于学生的问题不能做出及时的反馈，学生上了直播课，上得如何？效果是否明显？都没有相应的跟踪与反馈，缺乏对学生个性化的指导。

在和老师、学生的沟通中，我个人认为或许可以从以下几个方面进行改进。

1. 主打一至两门学科，突出苏州线上教育的亮点

目前苏州线上教育直播课的课程种类非常丰富，形式也非常多样，但缺乏亮点。我们可以在丰富的学科中有选择地推出一到两门学科进行重点打造。整合市区教师资源，组成团队，精心打磨。数学学科就是一个不错的选择，因为学生在数学学科上的问题相对会更多一些。

2. 编写完整的课程体系，分层教学

针对主打学科，我们可以整合市区教师教学的资源，组成该学科在线教育骨干教师团队，共同编写学科课程教学体系、相应的配套练习，并把它们分成 A、B、C 三层，以适应不同学生的个性需求。

3. 尽力做到教师相对固定，时间相对连续

每一层的教师尽量相对固定，一个层次可以安排三到四个老师，集体备课，统一教案，每个老师上课的时间相对连续集中，做到每周都有课，寒暑假集中其中一段时间，这样才能吸引更多的学生。

4. 及时反馈，及时评价

运用后台技术，增设作业下发和上传平台，教师在线上即时批阅学生作业，如果学生比较多，可以和学生所在学校的学科老师进行联动，由该学生所在学校的任课老师进行批改与反馈，真正做到线上和线下相结合，形成合力，推动教学质量的提升。

5. 奖励机制

对上线学生实施奖励机制，对坚持上线听课、作业完成度高的学生进行积分奖励，每学期可以有一次积分兑换，设置一些学生感兴趣的奖品，学得好的学生还可以升到高一层次的班级进行学习，这样会更好地调动学生在线学习的积极性。

6. 上网时间要有所控制，网上上课要有所监管

由于长期对着电脑会影响学生视力，所以可以把直播课的时长控制在 1 个小时，如果主推两门学科，那么学生的上网时间也不过是一周 2 小时，这样家长也容易接受。另外，网上上课也要有所监管，通过一些技术支持对屏幕进行监控，使学生在上直播课时不能打开其他网站，这样家长也放心。

想要做成一件事情很难，想要做好一件事情更难。我个人认为在线学习肯定是一种发展趋势，它将成为线下教育的一个有力补充，在不断的改进和完善中，我相信苏州市教育局这项教育民心工程肯定会受到百姓的欢迎。

（作者系苏州市第六中学校教学处副主任、高级教师）

用好苏州线上教育中心服务“家园学校”子女

□ 田明亮

苏州线上教育中心是一个以“苏州名师全过程全免费”为核心理念，统筹全市名优教师资源并贯通线上线下与课内外的高度信息化、智能化、个性化网络学习平台。中心上线以来，已初现成效，据统计自 2018 年 3 月至目前（11 月底），平台登录数已超过 60 万人次，日均访问量达 2.5 万人次。我校亦基于校情积极利用好这一平台，努力让全校学生享受更优质的在线教育资源。

一、提升对苏州线上教育中心的认识

1. 未来教育的大势所趋

苏州教育长期以来坚持将教育信息化支撑引领教育现代化作为教育改革发展的战略选择。《苏州市教育信息化五年行动计划（2013—2017 年）》就提出基本建成“课程无处不在、教师无处不在、学习无处不在”的泛在应用环境，基本实现学校管理方式、教师教学方式和学生学习方式的变革。当前正在推进以“通过大数据分析，让技术服务于人，尊重规律，弘扬个性”为特征的“智慧校园”建设。苏州线上教育中心作为该项建设标志性的运用平台，在进行实验性使用、局部推广实践的基础上，以区域性行政推动的形式，使区域内全体教师参与其中，具有全面性、普及性、深刻性的特点。

2. 学校学习的有益补充

当前随着智能终端的进一步普及，线上教育可以说已经达到全面普及的阶段。线上教育有其独特优势——无时间、空间限制，学生可随时随地观看和学习，能很好地适应个性化学习的要求，可以按需学习，更适合反复学习。不少区域、学校已经拥有自己的线上教育平台，但限于资金、师资、技术等因素，大多数学校的线上教育平台处于零散的运用状态。

苏州线上教育中心面向全市师生及家长提供名师课程资源、名师网络答疑、名师在线直播及学习行为数据分析四大类教育服务，更具有资源和技术的优势，直属学校应该是首享其惠的幸运者。

3. 专业发展的有益助推

苏州线上教育中心工作的整体推进，也是教师信息技术应用能力的提升契机。在教研活动中，我们不断倡导、分步要求各教研组围绕认识平台、使用平台、依托平台规划、完善校本课程资源建设等课题，推进平台与教研组建设的融合。在教师日常工作中，我们有计划地在备课、作业布置、名师课观评等方面推进教师与平台的互动。

4. 本校学生的需求更强

苏州市第三十中学校毗邻山塘街，位于小巷深处。2008 年以来，学校成为苏州市教育局定点吸纳外来民工子女的学校之一，生源发生了很大的转变，近 90% 的学生来自外来务工家庭。于是我校确立了“家园学校”的发展目标，树立了以民为本，办好平民、亲民、惠民教育的理念，旨在“建设家园学校，服务百姓子女，培养有为人才”，为众多来自外来务工家庭的孩子营造和谐安全、充满温情的学习环境，为那些忙于生计的外来务工人员解除后顾之忧。

近几年的教育质量监测数据同样显示，我校绝大部分学生在个人成长、学业发展上得到的家庭支持十分有限。仅从“课外补习时间”这项监测数据就可见一斑。从义务教育优质均衡发展目标的视角看，我校学生有着先天劣势。苏州市教育局启动苏州线上教育中心项目，是为回应老百姓最关切的教育民生诉求，为普通家庭提供免费优质资源，此举也成为全面整治校外培训机构的有效疏导措施之一。

二、扎实推进苏州线上教育中心工作

1. 利用“三会”不间断宣传

面对苏州线上教育中心这一全新形式，师生、家长都需要一个接受过程。学校要重视并做好会议宣讲、培训（学生会、家长会、教师会）工作。尤其要让家长和学生知晓，在平台上，学生不仅可以看到中小学生学习的全学段全学科课程视频资源，还能以文字、图片、语音和短视频等形式与教师实现便捷互动，学生在平台上的学习、互动与思考痕迹，还将生成专属于该生的数据分析，由平台根据数据向学生精准投递个性化学习建议，有效加强学习的科学性和针对性。

尤其在上学期结束、新学期开学初家长会上，我校对平台的更新升级及时做了宣传。家长们对由大市教研员、命题研究专家领衔，名优师集体开发课程内容、研讨授课方式，教研员全程把关课程质量的平台课程资源高度认可。

2. 抓好使用过程的节点

除了以会议宣讲为主的基础推广，我校更重视平台使用过程的关键节点。例如在经过了 2018 年 7、8 月暑期使用之后的新学期初，我们又面向全体学生就暑假使用情况做了问卷调研。调研设置了例如“你是否知晓苏州线上教育中心的基本情况”“你是否使用过苏州线上教育中心”“你未使用的原因”“你使用了哪些功能”等问题，从而达到调研、指导、宣传的多重目的。学校建立了“苏州线上教育中心”工作群、班级群，通过即时通信解决使用的具体问题。此外，学校教学管理部门将苏州线上教育中心工作纳入教研组建设项目，随着平台的深入使用，指导各教研组开展专题培训、研讨。

3. 师生双线推进

一方面，学校做好对学生的宣传培训工作，及时通知学生参加每周的线上直播课，并做好跟踪统计；另一方面，学校要求学科教师同步关注市级直播课信息，做到心中有数，安排好教学进度，适当减少作业布置量，使学生有时间和有必要参与线上直播课程的学习。

4. 每周落实、阶段评比

针对我校学生家庭现状，教学管理部门采用发放纸质《告家长书》、收回执的方式，告知学生、家长直播课程信息，督促家长提醒或帮助学生及时完成课程学习。周一将相关观看数据反馈给班主任，班主任跟进此项工作。通过师生、家长的共同努力，学校苏州线上教育中心直播课学生参与率稳中有升。学校还通过阶段评比，激励学生参与苏州线上教育中心的学习。本学期，我校先后评选出了苏州线上教育中心学习先进个人和先进班级。

三、对苏州线上教育中心的设想与建议

1. 顺应中心自身的调整

苏州线上教育中心自启动以来，从领导层面、执行层面到技术层面的人员一直积极关注本校师生的使用情况，不断加强宣传、培训、服务工作，召开座谈，进行调研，调整工作思路、策略。学校也将紧跟步伐，积极配合，把这项民心工程做实、做好，继续

在促进学生有效使用和提升校内直播质量方面做出努力。

2. 培养校内网络名师、名课

从目前的使用效果反馈中看，由于各学校的学生状况不一样，客观存在部分学科进度安排不一致、教学重难点不一致、直播难度时长接受度不一致等情况，学校有必要培养自己的师资、建设自己的课程。下一步，学校将加强教研，挖掘、发挥校内教师兴趣、特长，激励教师建设自己的课程，甚至融入“家园学校”校园文化的建设中。从校内调研“你更喜欢哪一类老师的直播课”的相关统计看，此项工作也实有必要。

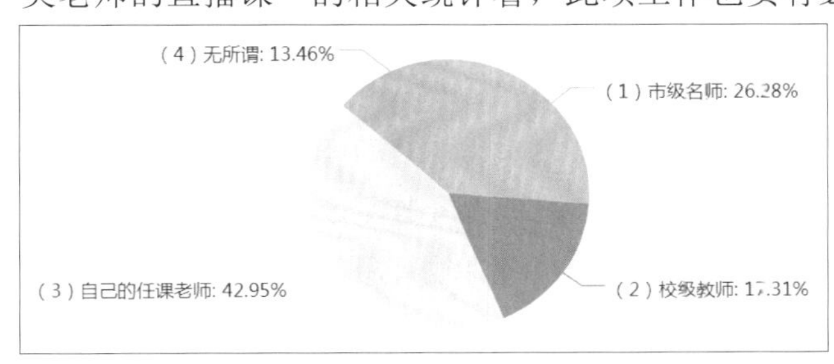

（以上为本校初三年级数据，其他年级类似）

3. 学生“网络学习文化”建设

线上学习始终伴随着对学生网络素养的拷问。未来学习的趋势，更需要学校以开放的心态，适应新时代学生特点，同时加强学生网络学习文化的建设。我们将通过课程学习、主题活动、家长培训等形式，一方面加强对学生课内外一体化的信息技术知识、技能、应用能力以及信息意识、信息伦理等方面的培育，将学生信息素养纳入学生综合素质评价，完善课程方案，充实适应信息时代、智能时代发展需要的课程内容；一方面加强家长、老师对学生网络学习、信息平台使用的管理、引导。

4. 安排校内辅助，精准帮扶

基于我校现实，仍然有部分学生因家庭原因，不能顺利使用电子设备参与线上学习。以下为本校初三年级“你未使用的原因 ”的统计数据，其中“家里没有硬件（电脑或手机、宽带）条件”占 5.13%。（此项调查是 2018 年 9 月初进行的，当时“不会操作登录”也占有一定比例。）在能够实现网络学习的学生中，大多数学生采用手机观看，这会影响收看效果。为此学校也有设想，利用在校时间为部分有需要的学生开放学校设备方便他们学习。

5. 推进线上、线下常态化融合

要真正让苏州线上教育中心成为学生学习的有效辅助，成为学生日常学习的自然陪伴，需要学科教师的深度参与。今后，学校将以“教师如何有效使用苏州线上教育中心”为重点，开展多角度研讨，将上文论及“专业发展的有益助推”的意识、想法转化为行动。以教师的线上、线下学习方式引领学生的线上、线下学习方式，提高优质资源的利用率、转化率，提高教育教学质量。

6. 对苏州线上教育中心的建议

（1）机制建设。一是加强顶层设计，联通现有各类平台资源。苏州线上教育中心加强与教师发展中心、教育信息中心（电教馆）、教育科学研究院、教育质量监测中心、考试中心的沟通，做到人才、数据等重要资源的整合，其他中心也需主动对接，利用好苏州线上教育中心的平台优势。例如，质量监测所得的学科数据报告应成为苏州线上教育中心课程资源推送的依据。此外，需要教育局与基层学校协作，利用好区域内的名师资源，使他们腾出精力进行苏州线上教育中心课程的打磨。二是与学校师生的互动。可以让名师进学校“巡演”，开展基于真实场景的直播活动。

（2）队伍建设。一是建立相对稳定的师资队伍，使其各展所长。从学生接受的角度来看，相对固定的教师更易于学生循序渐进的学习。中心可以结合学科核心素养的培养要求和教师的兴趣专长，对教师进行遴选与优化安排。二是需要专业的辅助教师。解决好平台时常出现的不稳定性，需要技术员和助教，尤其是基于真实场景的直播互动更是如此。

（3）课程建设。一是夯实基础教育学段学科辅导，做到教材同步、能力涵盖、形式多样。目前，可以供教师备课、上课使用的微视频资源以及学生乐于接受的生动活泼的资源相对较少。二是立足素质教育与终身学习。当前苏州线上教育中心已经在不断丰富和完善苏州线上教育中心综合课程，已有计划提供科技、心理、艺术、STEM 等方面线上、线下混合式教育教学课程。

（4）功能优化。按照建设规划，平台将实现提供名师精品微课资源、名师在线互动问答、名师课程网络直播、在线学习行为分析四大类教育服务，与未来教室的课堂教学系统形成联动呼应，建成时时处处可学习的课外教学系统。我们认为在保障平台安全、稳定的基础上，尤其要加强资源搜索整理和学习行为分析诊断功能的建设。

（作者系苏州市第三十中学校书记）

择师恰逢“线上”时

□ 薛　晟

不知从何时开始，绝大部分有着适龄入学儿童的家庭，都会把“择”字作为自己的年度关键词，买学区房、找熟人朋友……目的只有一个：选择优质教育资源。好的学校，好的老师，是所有家长实现望子成龙梦想的第一步。这个“择”字，也成为推进均衡教育路上最难移除的一块“绊脚石”。

如果有一天，所有的孩子都有选择老师的权利，都有机会可以让名师面对面进行指导，这恐怕是家长们做梦也希望实现的愿望吧！出于敏锐的商业嗅觉，很多互联网运营商趁势推出了“名师”线上课程，线上教育由此进入人们的视线，形式、内容均呈现出多样化的特点，且需求量十分之大。但是，由于发展过于迅速，导致问题迭出。

问题一：重在平台建设，忽视教育质量

我国线上教育在发展初期，受到国外开放教育的影响，较多的是模仿和照搬国外案例，缺少对于本国国情的实际考虑，质量保障体系无法及时健全，随便找个老师就能开始授课，以至于几乎沦为以盈利为目的的商业教育形式。

问题二：重在资源呈现，忽视互动交流

从我国线上教育的发展来看，以精品课程、网络课程为代表的国民基础教育课程，大部分是以单向视频资源为主要呈现方式，教学资源日益丰富，却缺少教学活动中的互动环节，在线学习效果难以保证。

问题三：重在学生自学，忽视梳理指导

相对于传统教学，在线教育更是以学生自学为主要途径，往往教师指导有限，系统化学习被转化为碎片化学习，导致自学过程中产生的问题不能够得到及时解决。

问题四：重在测试结果，忽视综合评价

目前来看，我国的线上教育成果评价均自成体系，缺乏统一建设和标准。评价仍以各种类型的考试为主，对学习过程的综合性评价几乎空白一片，以考代评，既不客观，也不全面。

从教育的时代发展趋势来看，线上教育必然是当前及未来现代化教育发展的主要形态，但是针对其存在的几大问题，该如何去改善，以求线上教育持续、健康、有效地发展，这成了难解的局面。不得不说，苏州的孩子是幸运的，苏州的家长是欣喜的，因为就在2018年，苏州线上教育中心应运而生。该平台的上线，基本将在线教育目前存在的问题一一破解，真正把“择”的自主权交到学生和家长的手中。

优势一：规范管理，统筹名师资源共建共享

苏州市教育局作为市教育发展的宏观管理者、把控者，在教育发展的洪流中发挥了积极的引导、监管作用，引导着苏州线上教育健康持续发展。苏州线上教育中心最吸引人之处，便是“苏州名师全过程全免费”的核心理念。家长想求“好老师”教自己孩子的愿望终于可以成真了。平台统筹了全市大部分的名优教师资源，组建了强大的团队，旨在将苏州顶级的教学服务通过网络惠及学生，推动全市优质教育资源的共建共享，使苏州的孩子可以真正做到足不出户就能“择其师，听其课”。

优势二：资源丰富，建立灵活多样互动机制

与一般线上教育单纯只提供教师“自说自话”的微课视频不同，苏州线上教育中心具备名师课程资源、名师网络答疑、名师在线直播、学习行为数据分析四大类教育服务。登录苏州线上教育中心，学生和家长可以看到中小学生全学段、全学科的课程视频资源。根据学生所在的年级，苏州线上教育中心将自动匹配对应该学段各学科的章节及知识点。在“直播中心”模块，学生可通过学段、学科、年级以及输入关键字等方式搜索，观看心仪名师的直播课程。值得一提的是，平台互动性还很强，拥有不同的师生交流渠道。如果你在听课过程中有不明白的地方，只需要在“问答中心”模块点击“我要提问”，就可以以文字、图片、语音和短视频等形式与授课教师进行沟通，教师马上会通过网络进行解疑指导；而在“学习中心”模块，学生可进行课程学习、作业管理以及自主评测，平台会自动将其做错的题目生成错题评测卷，以供其查漏补缺，有针对性地了解自己的学习情况。

优势三：系统指导，强调知识组块梳理重构

目前苏州线上教育中心共有各类课程资源36000余个，与学校教学全程同步，覆盖小学、初中、高中主要学科的全部章节和知识点。所有讲课均在学科教研员的引领之下，制定出了明确的目标定位：同步教学（学习）——由点到类。与课堂学习相关联，帮助学生梳理单元学习的重点、难点，进行阶段性的梳理、提炼，引导学生发现一些规律性的知识与方法。

就拿六年级语文的单元复习版块来说，名师呈现的课例不再是单纯的课文回顾，而是将前后文本素材的知识要点打通关联。例如：依据第二、三单元课文《船长》《爱之链》设计，走进外国小说的阅读，并迁移阅读《简·爱》《鲁滨孙漂流记》。学习重点是通过阅读外国小说，了解小说类文本阅读的策略，要抓住小说中关于人物、情节、环境的描写，结合文本，感受人物形象的典型性，理清故事情节的推动性，了解环境描写的烘托性，初步培养阅读小说的能力。依据第四、五单元课文《姥姥的剪纸》《安塞腰鼓》《青海高原一株柳》《草原》设计，学习三种表现手法——对比、烘托、衬托。学习重点是借助文本，了解三种表现手法的不同用法和好处，并迁移写作。依据第六、七单元课文《钱学森》《詹天佑》《鞋匠的儿子》设计，了解描写人物要选择典型事例。学习重点是借助文本，感受“材料是为表现中心服务的”，选材要紧紧围绕中心，根据写作目的，要选择恰当的材料烘托人物形象，培养学生写人叙事的能力。

优势四：多元评价，提供个性化学习建议

苏州线上教育中心平台的评价体系更具有科学性和针对性。平台收集到的学生学习、互动、思考的痕迹，生成专属于该生的分析报告，向学生精准投递个性化学习建议，通过这种评价形式的启发和引导，学生将会不断巩固和内化自己的知识和技能。

目前，苏州线上教育中心已经面向直属学校和园区学校开放，并且收获了无数好评。作为姑苏区的学校，无论是学生、家长，还是老师，都热切期盼着平台能够尽早覆盖全市。能够“面对面”选择自己喜欢的老师、感兴趣的课程，对于学生来说，这将是一件多么美好的事情啊！

（作者系苏州市善耕实验小学校教导处副主任、高级教师）

学校实践

融合创新 多元发展

□ 边卫华

2018年3月29日，苏州线上教育中心试用启动仪式在苏州市金阊实验中学校举行，我校正式成为首批试点应用学校。我校自立校以来一直以信息融合创新为核心，提倡以分层递进的理念为指引，尊重学生的个性化发展，促进教育教学模式多元化的研究，倡导教师个性化创新实践。

一、事半功倍，线上教育与线下教育相辅相成

苏州线上教育中心平台是由市教育局推出的全免费教育公共服务平台。平台统筹全市名优教师资源，向全市150万师生和280万家长免费提供名师课程资源、名师网络答疑、名师在线直播、学习行为数据分析等四大类教育服务。平台为我校信息化的进一步实践研究提供了支持和保障。在寒暑假和双休日期间，我校组织各学科组，共开设了直播课程187节。直播过程中运用微课推送、课件插入、白板演示、互动答疑，录播回放等形式帮助学生在家中得到优质的教学辅导，提高学生在家学习的效率，减轻家长无法在家辅导孩子的担忧。通过对学生提问类型、人数、次数等的统计分析使教师了解学生在学习中遇到的疑点、难点和主要问题，更加有针对性地指导学生。

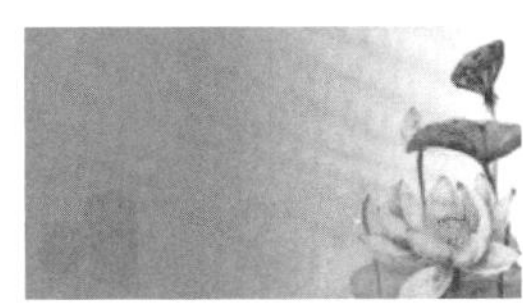

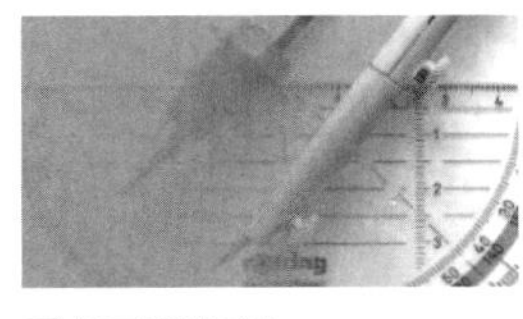

苏州线上教育中心的建立，打破了课堂的时间和空间限制，形成了更为立体的师生关系。通过学校各教研组的琢磨和尝试，我校的直播课堂有了自己鲜明的特色，在打破时空限制的前提下，会保留时空的差异性。在学期教学中，直播内容主要贴近于课堂所学，帮助学生攻克重难点，温故而知新。而在寒暑假这样的假期内，会选择与学科相关的课外内容进行直播，比如英语组会开展英国礼仪文化的介绍、英语的起源、英国的地理概况等专题直播，对学生进行全方位的文化熏陶。数学组会开设各种趣味数学专题直播，通过线上教师引导、线下项目小组分组研讨的形式开展多种多样的活动。语文、历史等文科类的科目会进行定期的线上阅读沙龙，把传统的读书活动推广到假期中的每一天。这样一种时空差异的存在，可以使学生提高学习的热情，张弛有度之下避免学生产生倦怠情绪。我们还打破常规，让小升初的学生在暑假中就参与学校的线上直播活动，通过一系列的专题讲座，让学生提前适应初中教学的节奏，了解初中教学的学科特点。

在苏州线上教育中心，如果学生拥有任何的疑问，我们鼓励学生及时在中心的“问答中心”进行提问，学校安排骨干教师每天轮流值班答疑。这样一来，可以避免学生使用QQ、微信等传统社交软件，解决了家长的一大忧虑。与此同时，学生在“问答中心”得到解答的问题会被系统地记录，无形中也形成了一个电子的“错题本”。

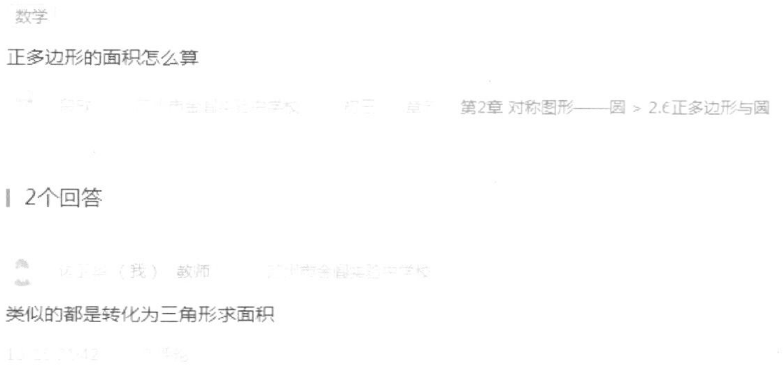

数学

正多边形的面积怎么算

第2章 对称图形——圆 > 2.6正多边形与圆

2个回答

（我） 教师

类似的都是转化为三角形求面积

二、融合创新，拓展信息化教学新模式

苏州线上教育中心的“资源中心”，有各种合适的学习资源可供学生选择，个性化的推送让学生可以得到有针对性的学习资源，我们不仅鼓励学生使用，也乐于分享。让苏州线上教育中心可以充分地发挥自己的光和热，服务于教师的教学，服务于学生的学习。在目前一线教学中，教师在教学过程中经常会无意识地采用“传递—接受”教学方式，教师处于课堂的中心，学生处于被动听课的模式，不利于发挥学生的自主性、创造性。将线上教育的“资源中心”“问答中心”和基于StarC未来教室的课堂融合，形成混合式教学方式，能够把课堂内外、线上线下有机结合在一起，改善学生线下学习的不足，在教学中实施“以教师为主导，以学生为主体”的新型教学模式，提高学生的主观能动性，尊重学生的个性和差异，培养学生的创造性思维。课前，教师通过线上教育平台的“资源中心”给学生推送线上学习资源，学生收到任务通知后，积极使用平台进行线上学习与测评，学习结束后，平台提供量化指标，给教师与学生的教与学提供一定的参考依据。课中，教师充分利用StarC未来教室的信息化设施，给学生提供适合的学习情境，引导学生产生学习的兴趣，在教学展示形式上，能够把抽象与形象相结合。通过电子双板中呈现的文本、图片、音频和视频等，重点讲解学生在课前预习中遇到的问题，为学生“传道授业解惑”，引导学生深度思考，培养学生自主学习能力和学科思维能力。课后，教师给学生发送课后习题和任务，学生根据在线上、线下学习到的知识与能力，认真完成教师所布置的任务。在完成任务过程中，如果遇到问题，可以通过平台的“问答中心”与在线的学生或者教师实时远程互动，寻求帮助。最后，在实际生活中，要有意识地运用学到的学科知识与能力解决生活中遇到的难题，加强对理论的实践性与操作性的认识。

三、积极探索，基于大数据分析优化学科教学

我校同时参与了华中师大教育大数据研究项目，在如何基于大数据分析来优化学科教学模式这方面，我校一直在积极探索。首先，依托大数据分析，使学生行为可视化。利用智能系统收集学科教学过程中学生线上、线下的行为，通过大数据分析，形成学生学习行为的分析报告，帮助教师发现学生学习难点及其原因，为学生提供学习分析结果与学习建议。其次，根据数据反映的学生学习情况，进一步优化学科教学模式。借助未来教室的应用和苏州线上教育中心平台，实现课堂互动教学、课下自主学习、数据诊断分析、教育资源共享，让学生在信息化生态环境下乐学、善学、主动学。

通过苏州线上教育中心平台，我们把信息融合教改项目从学校延展到校外和家中，利用大数据进行科学分析，优化教学模式，减轻课业负担，提升学生学习效率，实现个性化教学辅导，使更多的学生享受优质均衡的苏州教育。

（作者系苏州市金阊实验中学校信息处主任、高级教师）

未来已来 将至已至

——节选自苏州市线上教育经验交流会

□ 尤 佳

不久前，方洲小学成为苏州市线上教育园区首批试点学校，使我们师生能够优先享受这份惠民的政策，使我们在智慧教育、网络教育的路上先行一步。下面我就向大家汇报方洲小学在苏州线上教育中心试点应用方面所做的一些探索和努力，不当之处，希望大家批评指正。

方洲小学是园区管委会直属的公立学校。学校于2010年9月1日正式开学，现有61个班级，在籍学生3000余人。学校现有专任教师168人，其中，特级教师、苏州名教师、各级学科带头人等优秀骨干教师60余人。几年来，学校先后获“全国年度十佳最具影响力品牌名校”“苏州市文明校园”“园区先进集体”等三十余项荣誉。

在园区教育“四化战略”“智慧教育”引领之下，方洲小学集众智、合众力，坚持以“促进人的发展”为目标，遵循“宣传引领、强化培训、任务驱动、服务全局”的工作思路，遵循教师先行，学生再动，先学用，再习惯的原则，着力营造线上教育的学习氛围，有效引领移动互联时代的个性与互动学习研究，让苏州线上教育中心成为学校可持续发展的向导、改革的引擎。教师和家长在体验中感受了不一样的教育模式，学生在观看、互动中收获了成长。一个多月下来，学生经历了不一样的线上学习过程，有效地提升了自主学习能力和信息化运用能力。在一个多月的试点过程中，我们的经验、做法如下。

一、周密部署，开好“牵引车”，让线上教育有“引力”

为落实好线上教育这一惠民工程，确保线上教育试点工作有序推进，方洲小学着力做好试点前各项准备工作。我们通过如下措施部署线上教育试点工作，营造“抓落实”的氛围，形成“抓落实”的合力，引领全体师生、家长形成对苏州线上教育中心的正确认识和线上学习的行动自觉。

一是强化领导，第一时间落实。9 月 29 日，园区教育局组织召开了苏州线上教育中心平台试点应用会议，方洲小学接到试点任务。会后，学校第一时间召集了分管校长、教导处、信息中心等相关行政人员会议，落实园区会议精神。学校积极健全苏州线上教育中心试点应用组织机构和责任，着力构建统一领导、上下联动、各司其职、协调有序的校长室、主管部门、教研组、备课组“四位一体”的工作格局。成立了以校长为组长，分管校长为副组长，教导处、信息中心相关行政人员、教研组长为成员的试点工作领导小组，商讨方洲小学苏州线上教育中心平台试点应用推进方案，明确工作目标和推进措施，统筹推进试点应用工作。相关部门按照职能，分工负责、齐抓共管，形成合力抓推进的良好态势。

二是注重宣传，凸显民生工程。学校通过颁发《告家长书》、微信推送、召开家长会等方式，及时宣传苏州线上教育中心，引导家长认识到苏州线上教育中心是一项苏州市政府的民生工程，是办人民满意的教育的重要举措，是给学生、家长的一个“福利”，知晓苏州线上教育中心平台的“苏州名师全过程全免费”的核心理念。由于宣传到位，获得家长对苏州线上教育中心的信赖与支持，家长能够鼓励孩子最大限度地参与到直播课程学习中，使孩子享受更优质的公益在线教育资源。

三是有序培训，形成合力态势。首先，由信息中心老师对教导处和信息中心相关行政人员、学科教研组长、备课组长进行培训，旨在落实学校苏州线上教育中心平台试点应用推进方案，了解线上教育平台课程安排；其次，邀请百智通公司工程师到校对全体教师进行业务培训，旨在让老师们了解苏州线上教育中心平台的建设架构，以及各模块的功能和使用方法；再次，由学科教师对全体学生进行培训，旨在让全体学生熟悉线上教育平台登录方法，并且能快速登录平台进行学习；最后，分年级召开家长会，对三至六年级全体家长进行培训，旨在让家长了解苏州线上教育中心建设的意义、核心理念和应用情况。通过培训，实现了试点年级学生和家长全覆盖，年级组长、教研组长、备课组长、学科教师全发动，教师、学生和家长对苏州线上教育中心知晓率达 100%，形成了家校联动、合力促推进的良好态势。

二、创新推动，装好“主引擎”，让线上教育有“动力”

在“云计算、大数据、人工智能、碎片化、微型化的泛在学习”的时代，线上教育的实施推进，要在精准施策上着力，在精准服务上聚力，在精准管理上用力，不断创新工作方法、方式，强化督查力度，促进试点工作落到实处，我们通过如下四步实施推进。

第一步是任务驱动，有效整合，致力于以人为本，互动成长。学校能统筹安排有关试点推进的各项工作，当周有直播课程的学科，减少或不布置常规笔头作业，其他学科教师适当减少书面作业，让学生有时间去观看直播课程；在家中没有条件观看直播课程的学生，由学校统一安排时间，组织学生到信息教室集中观看录播课程。为了让学生学有所获，让学习更有针对性，学校规定当周有直播课程的学科，学科教师要针对直播课程提前设计好学习任务，引导学生根据学习任务去观看直播课程。学生周一返校后，学科教师再次组织学生交流学习收获，让学生在互动中成长、交流中发展。

第二步是精准发布，有效引领，致力于服务育人，精准对接。学校扎实推进健全服务体系与满足家长多元需求的精准对接，利用学校微信公众号提前推送当周直播课程表，供学生有计划地安排学习任务，努力提高课程服务的便利性。同时，有直播观看任务的年级，任课教师都能根据当周的教学内容引导学生观看直播任务，完成相关练习。

第三步是创先争优，措施激励，致力于制度引领，榜样示范。方洲小学充分发挥制度引领和榜样示范的作用，鼓励师生争先创优。学校将线上教育学习和“好习惯争章”活动相结合，学生当周完成直播课程学习任务的，奖“学习章”一个，集满“学习章”五个，奖“免做章”一个；将线上教育学习和“最美方洲娃”评比相结合，把“积极参加并完成线上直播课程学习任务”作为每周“最美方洲娃”评比条件之一；将线上教育学习和“优秀教研组、备课组”评比相结合，根据学生观看线上教育直播课程的数据，量化备课组、教研组工作实效。

第四步是分析数据，调整策略，致力于群体提升，政策普惠。信息中心老师每周及时关注苏州线上教育中心公众号反馈的直播课程数据，并通过学校内网反馈给学科教师，让学科教师第一时间了解本班学生观看数据。教导处对照本校学生观看直播的数据，查找问题，进行相应调整。

三、总结提升，修建“加油站”，让线上教育有“活力”

网络教育、智慧教育代表了未来教育发展的方向。在苏州线上教育中心试点应用期间，我校的教师、学生接受了系统的培训，在智慧教育的理念与平台操作技能方面有了整体的提升。全体师生和家长对苏州市线上教育的福利政策有了深刻的认识，对名师授课的方式有了直观的体验，很多学生已经形成了双休日收看名师直播的习惯，现在三至六年级的收看率在 50%—70%。

在苏州线上教育中心应用试点期间，我们也收集到部分教师、学生和家长的用后体验。

五（6）班林秀珍同学说："平台上的课程，可以直播也可以点播，我们可以根据周末时间自主安排学习活动，学习也不再受到时间和空间的限制，可以在任何时间、任何地点听到优秀老师的优质课，老师还可以给我们在线答疑。"

"平台上的课程资源丰富，孩子不出门就可以学习到。孩子学习更主动，而授课老师更注重在课堂上解惑。孩子还可以在'答疑中心'向授课老师请教问题，与老师进行实时互动，学习体验不亚于真实地坐在课堂中。并且平台上有授课老师的课件，方便孩子课后再学习。"沈天一的爸爸对这种教学方式赞不绝口。

参与过授课的王永林老师说："苏州线上教育中心讲课流程简单，操作方式便捷，网络延时短，并能实时在线互动，实时录制教学内容，课后回看也很方便。苏州线上教育中心资源贯通线上线下与课内外，有利于学生对阶段性知识的巩固和提升。"

未来已来，将至已至，苏州线上教育中心是一项惠民工程。智慧教育是教育发展的大趋势，我们要把这个平台当成共享优质资源、创新系统课程、办人民满意的教育的重要举措。今天的汇报，只是我们一些粗浅的做法，我们将以终为始，做好顶层设计、系统整合，做实苏州线上教育应用工作，为苏州教育可持续发展再做新的贡献。

（作者系苏州工业园区方洲小学教师）

学校教育的“ next ”时代

□ 吴　岑

“next”在《牛津英语词典》上的含义是“紧接着的，下一个的”。从而，我又联想到了一些词组：“next step”，“next year”，“next generation”…… 这些词一旦和“next”组合，就被赋予了一层新的意义，都指向了下一个，指向了未来。

那么，我们的教育要如何才能走向“next”，走向未来呢？“next”这个词本身便告诉了我们答案。“next”中间是“ex”，“ex”在英语中有“上一个”的意思，恰好与“next”相反。正是在“ex”的前后分别加上了“n”和“t”，就变成了“next”，才由“过去”变成了“未来”。作为信息时代的年轻教师，我认为，这“n”与“t”代表的，分别是“net”和“tech”，也就是“Internet”和“technology”——“互联网”和“技术”。如今，我们苏州正在全力推广的苏州线上教育中心便是一项互联网、技术与教育融合的尝试。

以上是我作为英语教师的学科视角。在讨论教育的下一步之前，让我们先来回顾一下教育的“ex 时代”。

现代学校教育是 18 世纪的普鲁士开创的。当时的教育模式是为了与高效率的工业生产相适应。只需培养掌握基础知识与基本技能的劳动力，就足以满足批量生产的需求。

从 18 世纪走到今天，随着技术和网络的发展，我们无数次尝试在学校教育中加入互联网和新技术。有成功，有失败；有叫好，有反对。然而，无论如何尝试，似乎学校教育在人们心中的印象仍然总是一块黑板、一支粉笔、一本书，老师讲、学生听。于是，就有了著名的“乔布斯之问”：为什么计算机改变了几乎所有领域，却唯独对教育的影响小得令人吃惊？

当今，信息时代的发展，决定了教育的目的是培养创新人才而不是简单劳动力。同时，激烈的学习竞争，使家长和学生渴望获得一种实惠有效，且与学校教育密切结合的新产物来帮助学生日常的学习，提供更多、更直观、更个性化的学习资源。

这样的时代背景、教育目的和家校需求呼唤着一种结合互联网和新技术的全新教育模式。这种模式不是“互联网”“新技术”“教育”三者“汉堡包”式的简单叠加，而是在不断碰撞、催化下的彼此融合。苏州线上教育中心就正好顺应这种全新的理念而诞生了。

在这样的理念下，我们金阊实验中学迈出了走向“next”的第一步。以我任教的英语学科为例，我们已经将苏州线上教育中心与课堂教学融合，探索着一种贯穿“课前——课中——课后”的全新教育模式。

课前，我们通过苏州线上教育中心的“资源中心”版块给学生推送线上学习资源，供学生自主学习。同时，这也是一次学情评估，让老师在课前了解学生的薄弱环节，从而提高课中教学的针对性和有效性。

课中，根据课前学情评估的情况，我们可以更有针对性地进行课堂教学。有了苏州线上教育中心后，我开始将部分原本应在线下课堂里讲的简单的浅层知识迁移到线上直播中，通过线上的直播来减轻线下课堂的进度压力，从而把更多线下课堂的时间用于深层知识的传授、学生的答疑与展示。如此一来，课堂效率便得到了大幅提升。

课后，我们将作业上传在“智题本”这一微信小程序中。通过“智题本”的实时批改功能，学生可以及时知晓自己的不足。值得一提的是，我们将苏州线上教育中心与“智题本”做了结合。在“直播中心”每周的直播课中，我们老师讲解“智题本”中共性的错误，而针对个性化的错题难题，学生则可以通过“问答中心”版块与在线的学生或者教师实时互动，互帮互助。学生在“问答中心”提出的问题，也在无形之中形成一本独一无二的“电子错题本”。因此，无论从共性还是个性的角度，这都是课中内容的有效巩固和拓展。

这些环环相扣的新尝试充分体现了信息时代的智慧性，突破了学校教育时间和空间上的限制，跳出了“教师主导传递，学生被动接受”的传统模式。同时，也使学生获得了个性化的学习资源，得到了针对性的指导，培养了学生的个性和创造力。

叶圣陶先生曾说：“教育是农业，不是工业。”工业是机械地复制、批量地生产；农作物有生命力，有它自身的特点和生活习性，因此我们必须因地制宜，适时地浇水松土，而不能拔苗助长。所以，我们今天所讨论的苏州线上教育中心支持下的学校教育，其本质也是因地制宜的“精耕细作”，而不是千篇一律的“批量生产”。网络和技术虽然本身带着明显的工业技术性，但其根本目的还是服务于教育。互联网和新技术进入教育，绝非是为了创造一个表面华丽，实则依旧统一化、标准化的教学“流水线”，而是为了通过时空扩展、多维互动、人工智能等技术来实现更为智慧、更适应个性发展的高效学校教育模式。

随着 5G 网络、人工智能和虚拟现实技术不断地发展，在未来，互联网和新技术会越来越多地服务于教育。在斯皮尔伯格导演的作品《头号玩家》中，未来的人们仅仅使用 VR 眼镜和人工智能传感衣就可以身临其境地置身于游戏情境中。我们有理由相信，在未来，随着虚拟现实和人工智能技术的发展，也许有一天，我们戴上 VR 眼镜，穿上传感衣就可以登录苏州线上教育中心，在虚拟的校园相聚，进行个性化学习。我想，真正带领学校教育从“ex 时代”进入“next 时代”的，不是“互联网”和“技术”本身，而是这两者与教育背景、教育目的和家校需求充分融合后诞生的苏州线上教育中心。这才是推动学校教育迈入下个时代、再下个时代的不竭动力！

（作者系苏州市金阊实验中学校教师）

心怀美好，与线上教育共成长

□ 曹蔚萍

一、寒假伊始，结缘线上

苏州线上教育中心陪伴苏州市实验小学校师生已近一年，结下了不浅的缘分……

回想 2018 年 2 月 3 日，学期期末全体教职工大会上，苏州线上教育中心第一次和实小教师们见面。寒假即将开始，寒假作业怎么布置？学校的“线上学习中心寒假实施计划”已“应运而生”。PPT 上，老师们面临的任务一一罗列。

1. 及时回答学生在“问答中心”提出的问题，本班学生提出的问题必答。要求每个学生登录苏州线上教育中心（xs.szjyj.gov.cn），根据寒假作业中碰到的困难和自己学习中的疑问，可以在“线上学习平台”的“问答中心”提出自己的问题。

2. 在“课程中心”开设“课程任务”。要求语、数、英学科结合布置的寒假作业，至少在课程任务中开设 3 个课时任务（3 次学习任务），并要求学生完成。综合学科至少开设 1 个课时任务，对学生不做必须完成的要求。每个课时任务里要包含视频学习资料和练习。视频学习资料可以从资源中心找，也可以自己制作后上传为学校资源。自己编写练习，对学生完成的习题要及时批改。

会后，教师们开始紧张忙碌起来。大家的心中既为自己成为第一批试点学校成员而骄傲，又对线上新颖的布置作业的形式充满好奇，跃跃欲试。

二、线上课程，数据助推

依稀还记得最初摸索的那些日子，老师们一边商议着寒假的线上课程内容，一边根据“课程任务发布指导”尝试着操作；同时将线上教育百智通公司提供的操作指导书二维码发送家长，请家长扫描学习再指导孩子。学习者和指导者的身份就是这么和谐地统一在实小教师们身上。班级 QQ 群里，家长们、老师们互动解答操作问题，你一句我一句，一不小心就是上百条的对话。寒假的那些日子，实小苏州线上教育中心 QQ 群的小企鹅不分昼夜地闪啊闪，各种问题在这里碰撞，智慧在这里闪光，最终一个个问题得到解决。登录不是问题了，发布不是问题了，学生提交也不是问题了……

寒假里，覆盖所有学科的补充教学内容在短短几天时间里，纷纷绽放在“苏州线上教育中心”的大花园里。你瞧：“名著阅读指导”“方程的认识”“英语故事”“跳绳技巧”“音乐欣赏”“身边的植物”“绿色上网”“三原色的认识”……老师们从不会发布、问题不断的“生手”成长为“操作熟手”：导入作业模板、设置课程时间、逐题递交、支持批改、查看学情……

所有的学生汇聚线上来答题了。班级学情反馈出学生完成学习任务的概况：谁完成了？谁没有做？没做的赶紧给提个醒。谁做对了？谁做错了？错了的赶紧发个提醒要求订正。老师们依据单题完成概况——学生作答所用时间、正确率、学生订正情况，做出分析，引导下一步教学。专业的团队给出的精准数据，让老师们感到了线上教育的课程设置和作业批改上的方便快捷。线上，孩子们的错题本也在自动生成，对于家长、孩子来说，个性化的辅导有了最深切的感受。

三、直播教学，从无到有

2018 年 5 月 6 日 19:00—20:00，实小 2441 名一至六年级学生参加了直播课堂培训。这时的实小老师们已经都能够熟练操作苏州线上教育中心的“课程中心”“作业中心”和“数据中心”了，可是直播课还没有尝试过，家长们也没有进入过直播大厅带着孩子进行学习。初次尝试，由于各家各户的网络宽带不同，各种小状况不断：有时直播卡了，有时被迫退出了，有时又能观看了……

那时的苏州，从新区到园区，从大街小巷到高楼大厦，万家灯火中点开的视频继续着，技术人员的聊天支持也不断刷着屏。线上的第一次人员近万的直播压力测试圆满完成。晚上八点，直播圆满结束，我行走在苏城的街道上，欣慰地想到，线上教育又往前进了一大步。

2018 年暑假的 7 至 8 月，学校尝试进行了 16 节直播课，在紧锣密鼓地调试后，4 节语文课、4 节英语课、3 节数学课、5 节综合学科课如期进行，受到来自授课年级学生家长的一致好评。之后，学校两名优秀的语文教师走进直播大厅。2018 年 12 月，贾银霞老师上了《课外阅读指导〈战争和人〉》，2019 年 1 月，钱艳老师上了《童话的秘密》。

这两节课惠及了更多孩子，收看量近千人次。

由于小学生使用电子产品的时间受限，所以我校对于直播教学的频次控制比较紧。对于因病整班停课的班级，各学科教师充分利用苏州线上教育中心，按教学进度进行授课。信息化、智能化、个性化的苏州线上教育中心，让三（6）、四（7）两个班的孩子们在停课的两周时间里，足不出户就享受到了最贴心的教育关怀。课上互动，课下回放，让学习变得生动而有趣，线上平台成为有温度的平台。

四、拟定制度，绩效评估

1. 随着苏州线上教育中心工作的不断推进，学校出台了《苏州市实验小学校线上教育工作指导》，对学校的线上教育工作进行了相关规定。

（1）所有学科教师参与授课，语文、数学、英语学科每周一次，综合学科一月一次。

（2）在新学期开学后第一周，各学科备课组长拟定线上教育发布计划，报教务处审批。计划包含每次课程发布的版块、授课内容、作业内容、起始时间。“课程中心”可以用 PPT、视频形式进行课外导读、策略指导布置。“作业中心”还可以组织学生在分享学习成果的同时进行教学检测。

（3）教务处审核通过后，各学科备课组长负责具体实施，督促教师按计划发布和检查作业。

（4）将学生每门学科每次作业时间控制在 10 分钟内，集中在周末进行。每个学生都要完成线上学习，学科教师负责及时批改所教班级学生提交的线上作业。

（5）教务处负责抽查各备课组线上教育实施情况，给予检查反馈。

（6）学生的在线答疑，由教研大组安排备课组长每周轮值问答中心解答。

（7）学期中，针对因病整班停课的班级，各学科教师利用直播中心，按教学进度进行授课。

（8）教师的线上教育授课及批改情况与年终绩效考核挂钩。

2. 在 2018 年 6 月，学校又制定了《苏州市实验小学校线上教育考核评价方案》，对教师实施线上教育的情况进行绩效考评。

（1）适用范围：参与市教育局线上教育平台、学校学习平台的教师及其工作。

（2）考核周期：每个月为一个考核周期，对上一个月工作情况进行工作量统计，输入线上教育预结算平台。

根据教师在线上教育、学习平台和读伴三个平台上所完成的工作，兼顾数量和质量，进行定性、定量相结合的评定给分。

（3）评价方法：教育局线上教育平台专有项目考评。1）开设直播课程校级 300 元 / 节，工作量为 3 课时 / 节。2）完成在线答疑值班且平台有记录，校级 50 元 / 天，工作量为 0.5 课时 / 天；每 3 个月为一次统计周期，其间必须值班一次，自己任教班级学生的问题必答。

以上两项，根据线上教育平台的组织方标准直接评定，且不与以下项目冲突。以下项目纳入其他费用计算。

其他项目考评：

项　目	内　　容	课时折算	费　用
1.资源提供	（1）在线上教育校级区域上传有质量的教学微视频。 （2）在学习平台或线上教育平台提交20道题，含有分析水平的题目。封项100元。	2课时/个 0.5课时/20题	200元/个 50元/20题
2.开设课程	在线上教育、学习平台发布1个课程，并组织学生参与，学生完成率达60%以上。同一课程不同班级发布算一次课程。	0.5课时/个	50元/个
3.作业设计及批改	在线上教育、学习平台或读伴设计作业，并组织学生参与，学生完成率和教师批改率均在80%以上。同一作业在不同班级发布算一次作业。	0.5课时/次	50元/次
4.课题研究	（1）组织学生使用Pad，并运用学习平台进行课堂教学或执教课题实验课。 （2）提交有质量的实验课案例或论文。 （3）提交有质量的管理案例或论文。	3课时/节 3课时/篇 3课时/篇	300元/节 300元/篇 300元/篇
5.管理服务	（1）备课组长有效组织组内教师完成学习平台相关工作，认真核对组内老师任务完成情况。 （2）承担平台运行管理、协调、维护等工作，认真、及时、无责任事故。	0.5课时/3个月 1课时/3个月	50元/3个月 100元/3个月

评估部门：信息中心负责导出线上教育平台的直播课、校级值班答疑、资源提供数据，进行核对；教务处负责对三平台开设课程、作业设计及批改、实验课、管理服务数据进行核对；教科室负责对课题研究中的实验案例和论文进行评估。

五、几点建议

近一年来，实小苏州线上教育中心QQ群、校级直播微信群、班级在线学习帮助群、学校线上教育管理群、线上教育预结算群……一个个群里的聊天伴随着每日的工作，一份份线上的作业记录着孩子们的成长，一堂堂名师的直播课引领着孩子进步。要说谁最受惠？肯定是孩子们和家长们。“手指点一点，名师就上门”，优质的教育资源得到了最大范围的共享。

当然，在使用中还是有一点心得体会，希望线上教育能进行改进，建议如下。

1. 权限分配。给班主任管理员权限，给孩子重置密码权限，加强平台的安全性，以免学生密码被篡改，降低使用风险。在学生第一次登录时，要求填写保密邮箱，并对邮箱做验证，可用邮箱找回密码。学生作业提交后能够修改，避免学生误操作，造成空白提交。给班主任查看和删除的权限，避免“问答中心”里出现过多“水帖”。

2. 界面显示。老师布置作业后，“具体设置”希望直接显示在界面上，因为“作业支持订正”要点开设置才能看到，设置两个字很小，容易被忽略。建议平台维护时能在登录界面上明显提示。

3. 功能设置。老师批阅错误后，希望能够设置修改功能。

4. 管理后台。呈现“课程中心”每次课程发布人员姓名、发布日期、课时名称、班级、发布人数、观看人数数据；呈现“作业中心”中发布人员姓名、发布日期、发布次数、发布人数、完成人数、批阅人数数据。

苏州线上教育中心是一个友好的平台，它将海量资源以视频形式呈现，且不断充实丰富视频资源，一直行走在做大、做实、做强的路上。对于学校师生提出的合理建议，开发方总是尽可能快地满足，对于技术上的盲点及时给予支持，对于发展中的问题及时进行调研，贴心服务，热情主动。我为自己能够拥有一段与平台一同成长的时光感到庆幸、充实，更为苏州有这样一个领先全国的线上教育平台感到骄傲。

（作者系苏州市实验小学校信息中心主任）

“线上教育”平台推进：“越困难，越前进”

□ 王　钰

苏州市线上教育已轰轰烈烈地开展了一段时间，投入大，覆盖面广，成果斐然。线上教育已然成为苏州教育的一张特色名片，受到了社会各界的关注。各直属校在积极推进线上教育的过程中，有得有失。

下面，我以我们草桥中学校为例谈谈我对线上教育的心得体会。

一、“线上教育”工作的实施原则及功能定位

为配合贯彻落实教育部《教育信息化2.0行动计划》和苏州市政府《用当“两个标杆”落实“四个突出”建设“四个名城”十二项三年行动计划（2018—2020年）》，更好地开展我校有效教学研究，推进我校“混合式乐学模型”的探索、实践，实现线上与线下，课内与课外，“全天候”个性化、分层次地有效学习、有效辅导，使得每位学生平等便捷地享受到优质的教育资源。

学校将统筹学校的骨干教师资源，融通线上线下与课内外，向全校师生及家长提供教师在线直播课和网络答疑环节，旨在帮助学生及时重温、梳理和消化教学重难点，提高其学习质量和拓展其自我探究的能力。

在学校“线上教育”工作推进实施过程中，教师不得将应在校内完成的规定课程及内容转移至线上教学中；不得在线上讲授新课；不得组织在线整班补课；不得以“应试”为导向，额外增加学生课外学习负担。

二、“线上教育”团队的组建及实施办法

学校认真制订了校级线上教育计划和实施办法，要求各学科的中青年骨干教师都参与到线上直播课和在线答疑活动中去。各备课组长列出学生的学习要点，形成系列，分

配给要上直播课的骨干老师们。语、数、英、物、化学科每两周一次直播课，每周都安排线上答疑时间。小学科、心理课、课程基地和名师指导一个月一次直播课和线上答疑。我校尽量让线上教育的品种多元化，参与的人数全员化。

在具体实施过程中，我们首先在全体教师会议上进行动员，然后信息处和信息技术骨干教师给予技术上的支持，提高个体教师线上技术的运用能力。

此外，每到周末我校还要通过家校路路通和学校微信推送校级和市级线上直播课的课表，鼓励学生们积极参与，最大限度地利用好优质资源。

三、在实施过程中所见的“线上教育”之优势

1. 空间和时间优势

老师和学生脱离了教室的“禁锢”，在任何有网络的空间里都可以实施教学或学习，如自己家、咖啡店、公园里或地铁、高铁、私家车里。学生在周末或是假期也能见缝插针地在线提问和回看直播课。生病在家的学生也能得益，脱班不脱课。在线教育中的时间是宽泛的，没有时间的限制，更有利于学生自主安排时间。

2. 共享优质资源

各学科的教学能手和专家型教师都分散在各个学校中，不能为全体学生共享，而线上教育平台恰好能对症下药，很好地解决了这一问题。线上教育平台对于优质教学资源的利用已突破了区域的限制，辐射到了千家万户的学生家庭之中。学生可以享受到不同风格的老师带来的多样的教学方式，正应了那句“总有一款适合你”，同时也可遏制某些学生满城寻好老师补课的现象。

3. 有效提升学生的自主学习能力

线上教育相比线下教育，更大的一个优势就是线上教育还能支持“课后重温”，也就是说，当学生忘记了某个知识点，或者没有听懂老师讲解的时候，他都能对课程进行重新学习，无论何时何地，只要学生想进行重温即可马上进行。而且，学生完全可以根据自己对本知识点的理解程度和消化速度自主把控学习的进程和节奏，或跳跃观看，或暂停视频做笔记，或拉回重看等，不必受授课老师上课速度快慢的影响。

4. 有助于老师们互相学习，改进教学方式

线上教育平台不光给广大学生们提供了便利，也给广大的老师们提供了一个互相学习的机会。通过观摩他人的直播课堂，身为老师的我们能够领略到授课老师的风格和他（她）的独到之处，借鉴其对某个知识点新颖的呈现或讲授方式，促使我们有方向性地

改进已有的教学方式和教学水平。所以说，从某种意义上看，线上教育平台也起到了某种教学研究的职能。

四、在实施过程中所遇的“线上教育”之反思

1. 教师群体对线上教育的认识不足

老师本身在校的教学任务已经较为繁重，从而导致相当一部分老师深感再从事“线上教育”力不从心，认为“把住课堂”也能解决所教学生的学习问题，课后面对面解答学生提出的问题更为有时效性，未必非要通过网络平台才能解决。因而，这部分老师排斥“线上教育”的形式。还有部分老师认为自己不具备良好的信息技术，要进行线上授课有困难，所以也驻足不前。

学校在校长室的大力支持下，通过全体教师会议和技术教授，已较好地缓解了这些问题。我校在线授课和答疑的老师逐步增多。

当然，如果市在线教育中心能更多地统筹和组织全市的优秀老师授课，适当减轻学校的工作量，那自然是更好的解决方式。

2. 学生欠缺自控能力和家长群体的顾虑使推广进程延迟

一方面，各个学校明令严禁学生使用电子产品，避免学生深陷网络不能自拔；另一方面，家长又必须把手机、Pad或电脑交到学生手里观看线上直播课等，这矛盾的两个倡议让更多的家长还是选择不让孩子迷失在电子产品里，因为大多数13~16岁的青少年学生的确缺乏自控能力，很容易钻空子。还有很多家长认为去社会教学机构补课比线上教育更直接、更实际、更易掌控，也更有直观的成效。

在这样的认识状态之下，我们一定需要顶尖的老师上出顶尖的直播课，并在多样的宣传途径中加以宣传和引导，才能最大限度地吸引家长和学生的眼球，意识到线上教育平台带来的“福利”。也只有当学生自觉地接纳了“线上授课”和“线上答疑”的学习形式，他们才会有一定自控能力投入到真正的学习中去。另外，让一部分家长和学生站出来说说他们心目中的线上教育也许也是一种较有效的推广方法。

（作者系苏州市草桥中学校教学处主任）

真正落实公平、优质、适切的教育举措

□ 丁　铮

苏州线上教育中心是以“苏州名师全过程全免费”为核心理念，统筹全市名优教师资源并贯通线上线下与课内外的全免费网络学习平台。中心的登录账号和密码，由学校统一发给学生，学生可以通过个人电脑、手机、平板电脑等端口登录。2018 年 5 月底，中心已覆盖所有市直属学校。中心主要面向师生及家长提供名师课程资源、名师网络答疑、名师在线直播及学习行为数据分析四大类全免费的教育服务。根据学生所在的年级，苏州线上教育中心将自动匹配对应学段各学科的章节及知识点，师生和家长不仅可以看到中小学生学习的全学段、全学科课程视频资源，还能在“问答中心”模块，通过点击“我要提问”，以文字、图片、语音和短视频等形式向教师提出学习中的疑惑，教师则会通过网络及时与学生沟通。在“学习中心”模块，学生可进行课程学习、作业管理及自测，学生在平台中做错的题目，还将生成错题评测卷。此外，学生还可以在“直播中心”模块观看全市名师直播课并与他们实时互动，直播课可通过学段、学科、年级以及输入关键字进行搜索。

信息化、智能化、个性化，苏州线上教育中心正面向全市师生和家长，建成时时处处可学习的免费课外教学系统，让全市中小学生平等便捷地享受更优质的公益在线教育资源。

自苏州线上教育中心开通之后，我校领导高度重视，多次在全校大会上宣传苏州线上教育中心，要求老师们一定要利用好这个新手段，进一步提升教学效率。学校责成课程与信息处全面负责这项工作，出台《苏州市第二十四中学校苏州线上教育中心管理办法》。

学校邀请了苏州线上教育中心的技术服务人员来校对全校教师进行苏州线上教育中

心的使用培训，并在学校开辟了一间直播室，配备最先进便捷的设备供老师们使用，课程与信息处还模拟直播课全过程，自制《线上教育使用说明》，供全校老师参考。因此，在2018年暑期的苏州线上教育中心校内直播课上，我校20余名教师率先尝试，分别独立完成了1—2节直播课，收到了较好的效果。

学校以家长会、《告家长书》、校路路通等为媒介，集中宣传苏州线上教育中心，为这项工作的全面铺开奠定了扎实的基础。我校学生大多为随迁子女，家庭经济条件普遍较差，有的家庭尚不具备上网条件。为切实推动苏州线上教育中心的工作，真正使每个学生受益，学校以问卷的形式对全校学生进行了家庭信息化条件的调研，结果显示，全校有四十余名学生无法在家收看苏州线上教育中心的直播课。学校经研究决定，每周一中午开放学校机房，作为网络自习室，供这些学生自主观看名师直播课的录播，进行自主学习，真正做到了教育公平。这一举措被苏州教育电视台的记者戏称为“校园里的追剧潮”。

学校还要求各教研组在教研活动时，充分利用苏州线上教育中心的名师资源，进行集体研讨学习。英语组的青年教师刘洋说：“观看线上名师课，一方面是看名师的教学设计，另一方面也能找到自己以往教学中的盲点。”

在资源利用上，苏州线上教育中心通过网络跨越了空间距离的限制，使学校的教育成为可以超出校园向更广泛的地区辐射的开放式教育。学校可以充分发挥自己的学科优势和教育资源优势，把最优秀的教师、最好的教学成果通过网络传播到四面八方。

在学习行为上，苏州线上教育中心的显著特征是，任何学生、任何时间、任何地点、从任何章节开始、学习任何课程。便捷、灵活的“五个任何”，在学习模式上最直接地体现了主动学习的特点，充分满足了现代教育的需求。

在学习形式上，教师与学生、学生与学生之间，通过苏州线上教育中心进行全方位的交流，拉近了教师与学生的心理距离，增加教师与学生的交流机会和范围。并且线上教育通过对学生提问类型、人数、次数等进行的统计分析，使教师能了解学生在学习中遇到的疑点、难点和主要问题，更加有针对性地

指导学生。

苏州线上教育中心的出现，有效地遏制了目前许多学生双休日在培训机构补课的现象，苏州线上教育中心的名师直播课，以优质的师资吸引了无数学生，许多名师都有了属于自己的“网络粉丝”。学生可以足不出户地免费享受名师资源，家长还会花大价钱送孩子到外面补课吗？更何况培训机构的资质、师资质量都不能被保证。苏州线上教育中心更是那些无法承受高额补课费的家庭的福音，真正做到了教育公平。

苏州线上教育中心这种学科、学段、名师全覆盖的运营模式，也确保了每个学生都能在苏州线上教育中心找到自己想学的知识，充分调动了学生的学习自主性，真正做到了教育的适切与优质。

苏州线上教育中心始于 2018 年，这是苏州教育史上具有里程碑意义的一件事。苏州线上教育中心今后的路还很长，希望它能茁壮成长，不负人民所望。

（作者系苏州市第二十四中学校课程与信息处主任）

重塑课程体系 变革教学模式

——苏州市胥江实验中学校线上教育工作侧记

□ 廖开颜

苏州线上教育中心丰富了我市教育基本公共服务均衡化的内涵，必将引领课程的重塑和育人模式的转型，必将引领教与学的方式的深刻变革。

一方面，我校积极组织申报市级名师直播课，力求给全市中学生带来优质课程。同时，我们聚焦学生多维发展度、课程跨界融合度、课程个性适切度等方面，着眼于线上教育课程生成体系、课程实施标准研制等方面的探索，以此，更好地服务于学生全面而又自由的发展。

一、做法与经验

学校在线上工作推进过程中，整体谋划，精心部署。本着前瞻性、融合性、开放性、实践性原则，着眼当下，放眼未来，为学生的未来成长奠定坚实的基础。我校强调多维学习的理念，促进课程体系向着国标课程、德育课程、特色课程三位一体的方向良性发展。我们用数据说话，靠案例阐述，以成果支撑，不断挖掘线上教育工作亮点，同时，坚持问题导向，工作力求务实，不断研究、解决线上教育工作中的短板，善于自我修正，确保线上教育沿着正确的路径前行。

1. 基于问卷。开展课程内容倾向和线上教育相关方基本情况调研。研究学生课余时间学习规律、学习习惯、课程选择自主性、家庭学习环境以及有关学习激励与约束机制。我们精心设计了包括学生、家长和教师三个方面的问卷，搜集学生、教师和家长的期待和诉求，并进行样本分析，以大数据提升线上教育工作的针对性和适切性。

2. 搭建平台。设置自主性与个性化课程内容。我校在线上教育课程设置方面，既关注大多数，又聚焦个性化，不断丰富课程内涵。在特定的课程学习单元，给学生提供资源线索、合理划定学习范围，为不同学习方式、节奏和进度的学生搭建不同的成长阶梯。促使“每片叶子都是一朵独特的花”的教育理念落地生根。

3. 依托课题。拓展线上教育深度和精准度。我校线上教育自开展以来，我们积极申报并顺利立项苏州市教育局主管的苏州教育改革发展战略性与政策性课题——《学校线上教育课程内容及课程体系研究》，寻求教学实践和教育科研的契合点，协同推进，无缝对接，从而奠定线上教育的科研底色。我们开展线上教育教师队伍建设、课程内容支持体系、课程实施标准、课程保障体系、课程实施绩效评估等方面的实证研究。

二、创新与突破

线上教育作为新鲜事物，拓展了教育信息化的新内涵，打破了时空对于学生学习的限制，某种意义上说，是传统教育教学模式的重塑和再造。我们在及时总结规律的同时，及时发现、研究并解决新问题。我们聚力四大关系探索，最大限度取得线上教育实效。

1. 线上教育与线下教育的关系。把线上教育和日常教育的关系理顺，促使两者错位互补，互为依托，做到相辅相成，相得益彰。

2. 内在自觉与外在约束的关系。我们在以年级组为单位，动员班主任督促和提醒学生观看线上直播的同时，及时捕捉线上教育经典案例，并做好相关数据周报表、月报表和年度报表，形成直播数据的反馈、约束和预警机制。

3. 国标课程与特色课程的关系。我们在学校线上教育课程设置上力求多元，突出和凸显特色课程。我们开设了多节家庭教育德育课程，开设了多节STEM——家庭智造课程。形成以国标课程为主体，以特色课程为补充的线上教育课程体系。

德育课程和STEM课程安排表

日期	学科	上课教师	主题
8月25日	家庭教育	周　倩	让孩子拥有良好的行为习惯
9月22日	初一语文	于　晋	《雨的四季》
	初一英语	刘　唱	starter复习
	家庭教育	应　茜	站在小升初的台阶前，父母应先行

日期	学科	上课教师	主题
11月24日	初一数学	蒋　凯	线段、射线、直线；角、余角、补角、对顶角
	初一语文	李培文	《朝花夕拾》解读
	家庭教育	瞿　燕	家有爱父母的孩子最幸福
12月29日	初一英语	王　峥	Unit8: Fashion
	初一数学	周志虹	复习余角、补角、对顶角
	家庭教育	王盛光	家校合璧达成共识，凝聚教育合力

日期	学科	上课教师	主题
10月6日	初二英语	吴菁湘	8A Unit2 Grammar
	STEM课程	唐建国	家庭智造（一）
10月20日	初二英语	濮婷婷	8A Unit4 Grammar
	初二物理	韦　炜	物态变化复习
10月27日	STEM课程	钱　钰	家庭智造（二）
	初二数学	孙　芳	复习第五章平面直角坐标系
	初二语文	周　琳	古诗鉴赏——《桃花溪》张旭
11月10日	STEM课程	刘　进	家庭智造（三）

4. 事中直播和事后录播的关系。遵循学生学习规律，兼顾学生学习习惯和家庭学习环境的客观现实，首先促使学生周末集中观看直播，同时，组织学生在周一到周五工作日期间，碎片化地、机动地、自主地观看录播，妥善处理周末观看直播和工作日观看录播的关系。追求线上教育最大公约数，让更优的教学资源、优质课程惠及更多的学生。

三、行动与愿景

（一）工作推进举措

1. 研制课程基本框架，体现课程文化精髓。根据校情和学情厘定线上教育的教学内容。在课程中体现学校的科技教育文化、胥江文化、自主管理文化、围棋文化、传统节日文化等，达到“以文化人”的目的。

2. 打造“线上家庭教育”的德育新形式。我校作为苏州市家庭教育指导项目学校，在实现家庭教育“最大化”和“自由化”方面积极探索，将家庭教育课程与线上教育相结合，构建德育共同体。苏州教育电视报道了我校以线上教育形式推进家庭教育的情况，这种方式拓展了家庭教育的空间，扩大了受众面和受益面，广大家长参与其中，取得了较好的效果。

3. 探索以“家庭智造”项目为主的STEM线上教育课程。基于我校在研的“十三五”规划课题——“基于跨界思维培养的初中STEM课程实践研究”，打造“家庭智造”亲子创客工坊校园孵化基地项目的线上课程，构建线上STEM教育新模式。

4. 构建师生学习共同体。秉持学校“和而不同、教而顺学、学而生疑”的校风，实现和慕课、微课等的有机结合，促进学生自主学习能力的发展。

5. 研究制定线上教育课程效能评估标准。基于大数据分析，聚焦多元发展度、跨界融合度、课程适切度、成果贡献度、社会满意度等评估要素，研制线上课程效能评估标准。

（二）今后工作思路

初步总结出线上教育的基本规律；在两年内基本形成比较成熟的开放包容、动态生成、面向未来、多元交融的线上教育课程体系；初步形成线上教育实施效果监测与评估的标准；形成校级线上教育个性化、选择性、适切性课程开发与实施的基本路径；朝着形成政策建议《学校线上教育实施意见及实施细则》，形成区域性、普适性的可复制、可推广的线上教育经验方向不断迈出坚实步伐。

线上教育既是信息化教学的有效载体，也是信息化教学的未来趋势。我们欣喜地看到师生在线上教育推进过程中，且行且思，受益良多，学校将继续秉持“以人为本、开放实践、共享辐射”的理念，努力让我校成为苏州直属学校线上教育破冰者、探索者和分享者。

（作者系苏州市胥江实验中学校教师发展中心、教科室干事）

教师实战

线上教育：让梦想照亮现实

——节选自苏州市线上教育经验交流会

□ 刘 洪*

从今年暑假开始就接下苏州线上教育中心名师课堂直播的任务，感到很光荣，同时也意识到责任重大，当时就下定决心要做好这件大事。在教科院领导的统一部署下，我们教研员都全力投入这项工程中。首先，我们为高中英语名师直播课堂设计了一句中西合璧的口号“高中英语梦之队，right here waiting for you”。我们觉得，这句口号代表了我们的自信和责任、豪情和壮志——毕竟敢于用“梦之队”称号的不多。于是，我们做的第一步，就是组建梦之队。苏州市高中英语教师的实力是很强的，但是，我们还是精心挑选，反复研究。有名无实的不要，必须是能上好课的名师，特别是一些新生代的名师，市级、省级、国家级竞赛的一等奖获得者，教学基本功、教学经验、教学效果都得到证明的名师。梦之队组成了，在2018年8月28日，我们召开了第一次名师团队会议，这是一次名副其实的誓师大会。我与大家进一步明确了这项工程的重要性，也特别提出这是我们名师回报社会的一种义务和责任，同时，在会议上，我们具体落实了各自的任务，

---

* 刘洪，苏州市教科院高中英语教研员，苏州市名教师，苏州市英语学科带头人，知名英语教育教学专家，曾获教育部十一五规划高中英语课评比特等奖。被国家游泳中心特聘为英语裁判和翻译，参加过广州亚运会等其他国际水上运动比赛的英语播报和裁判工作。他创设的高中英语教学苏式课堂理念“get students developed, get students interested, get students involved, get students centered”在苏州市各高中学校深入人心。该理念融合核心素养，效果显著。被民间称为苏州市最“牛”的英语老师。

提出了线上名师课堂的要求和目标。

我们提出：线上名师课堂必须做到“学生愿意收看，学生觉得受益”，名师课堂必须要有高度，但又能兼顾全体学生，每位老师每个学期上一节精品课，可以是“一个单元的梳理、一个模块的总结”或者是“一个学期的归纳”。我们成立了高一、高二、高三三个小组，由特级教师或苏州市名师把关。每个老师的上课资料交组长审核，由各位组长把关，最后教研员定稿，绝对不允许出现政治性和科学性错误。然后，所有资料在封闭性的内部群里共享，让大家今后上类似课题的时候取长补短。每位老师三年一贯制，完成一轮教学，这样，责任明确，又人人教学相长。大家明确了方向和目标后，各小组进行了热烈的研讨，生成了线上名师课堂的具体操作方案。记得，那天散会时，张家港市、园区、吴中区的几位老师还特意留下来，问：“什么时候我们的学生也能收看？”

事实证明，我们线上直播的效果确实值得这样的期待，现在，如果他们再问我这个问题，我相信我的回答一定不会再让他们失望。

所以，我再一次在这里向领导和各位同仁承诺：我们一定用最好的课帮助苏州市的孩子们锦上添花，我们一定用心去做好这件事，让每一节课，都是精品！

我们对每一节课都精心打磨，每一次上课的内容都是各年级英语学习的重点，有归纳，有实战，有拓展。名师的视角高屋建瓴，让苏州市各地的学生足不出户就能走进大师的课堂。所有名师的设计思路都体现了线上直播课堂的特点：眼前没有学生，但不能没有互动。我们有充分的想象力，心里看到学生，模拟真实的互动。用各种方法让学生积极参与。我们层层把关，确保课堂有核心素养和新课标的星空，也有高考出好成绩的实地。我们齐心协力，群策群力，一个团队一个梦想：让苏州市的孩子学有动机、学有兴趣、学有方法、学有成效。

现在，来谈谈比较让我尴尬的话题——“网红”老师。当我知道自己获得这个称号时，我太惊喜了，我已经是60岁的老人了，竟然“大器晚红”。其实，“网红”老师的说法，在教科院领导部署任务的时候就提到了，我当时根本就没有对号入座。你们看，我长相这么困难，“网红”离我太远了。我们的历史学科教研员就有自知之明，拍线上教育宣传片的时候，他就请来“颜值担当”做代言人，因为他知道如果他自己拍的话，就没有几个人看了。我当时主动上高中英语线上直播的第一节课，主要是出于“身先士卒”“抛砖引玉”的意图，怕名师团队的老师们说我只说话不行动。我就想“我跳你也跳”，我先跳。

于是我跳了。我用心去跳了，“颜值”不行，只能靠勤奋和认真了，还有，尽量让摄像机离我远一点。为了这次线上直播课，我用了整整一个星期去构思和备课，或者说，用了我一生的教学经验和感悟去备课。我的课题是“美丽的英语美丽的你”，针对高一新生，我的目的是让高一的学生听了我的课以后，重新拾起对英语的兴趣，感受英语的美感，激发学生学习英语的动机，掌握学习英语的有效方法和策略，今后成为美丽的“你”。备好课，我把自己关在家里的厕所里，认真地演练了几遍，直到自己都快爱上自己了，才定了下来。但是，还是不够自信。所以，我提出希望录播，这样，万一出什么差错，还可以弥补一下。

记得那天去录像，我很紧张，特别是开始前几分钟，明明嗓子里没有什么，还是不停地清嗓子。终于，摄像人员说“开始！”，于是我不紧张了。竟然一气呵成，过程中看到几个在场的人员都咧着嘴，很开心的样子。结束后，摄像人员对我说：“讲得太好了，我都听懂了。”直播的日子到了，我竟然提前两个多小时就到了教师发展中心，我的任务是等我的上课视频播放完，做线上答疑。直播开始了，我更紧张了，我发现“聊天室”竟然没有被关掉，聊天室里那个热闹啊，于是我就乘此机会认真地看学生的反应，同时记录下一些学生提出的问题，准备答疑的时候用。观看线上直播的学生数不断上升，从开始的500多，到600多，最后到1000多，我的视频播放结束时，也是人数最多的时候，没有学生中途退场。学生在互动窗口写下各种评论和感受，基本都是好评，他们积极参与课程的行为，让我备受鼓舞。我在视频中，有叫学生仿效一首诗来写作，就是“我世上有三爱”的原版：“I love three things, the sun the moon and you, the sun for the day, the moon for the night , and you, forever（浮世三千，吾爱有三。日、月与卿。日为朝、月为暮，卿为朝朝暮暮）”学生参与的积极性特别高，有一位学生写了“I love three things, you , you, and only you”献给我，让我简直感觉置身于“月亮之上”了。最后答疑的时间我们都觉得过得特别快，还没有讲够，时间就到了。

后来有人说我成“网红”了，还给我发来了某大佬的评价，让我早已淡然的心，起了一点波澜，心里本来都是阳光，也突然有了一点阴霾，我竟然好几次去看我的视频的点击量和评价，就在写这篇发言稿的时候，我还鬼鬼祟祟看了一下我的视频，点击量3186次，比刘华的还多。我也“心怀叵测”地看了一下评论，十几条都是好评，窃喜不已。

有了上面的铺垫，现在我就可以有资格说说怎么上好线上直播课了。不过，想来想去，我觉得只有一句话：无脸只能靠才华！才华只能靠学习！对不起，是两句话，还要追加一句：心里要装着学生，思学生所想，给学生所需，解学生所惑；心里要装着认真和责任，装着课堂艺术和效果。所谓名师，必须精益求精，学无止境，那线上、线下的课堂都能从容对付，就会精彩纷呈。

（作者系苏州市教育科学研究院调研员）

辛勤浇灌，静待花开

——参与线上教学直播的体悟

□ 刘 华*

还记得2018年6月一次名师共同体活动中，张必华老师说起需要共同体的老师承担在线直播的任务，要求大家踊跃报名，那时，我才认真关注到苏州市线上教育。虽然我没有视频直播的经验，但做过在线讲座，也算是有些“经验”，于是高中数学名师直播的“首秀”我当仁不让。记得“首秀”是在2018年6月16日，课题是高二数学的“圆锥曲线中的定点定值问题”，时长是一个小时。在新的学期，我又上了高二数学的四次直播课，好像也驾轻就熟了，但细细回想，还有些缺憾。得与失一直萦绕心头，这次就以文本的方式，和大家做一次分享。

一、做好受众分析，找准起点

第一次进入直播间的老师也许或多或少都有这样的感觉——慌。与课堂教学直面学生不同，线上直播老师面对的是冰冷的屏幕和摄像头，我们并不知道另一端的学生长什么样、有什么喜好、基础如何，不知道他们是否跟得上这一次的直播教学，那么，确定直播课程的起点就非常重要了。如果起点过低，优秀的学生感觉都会了，自然没有听讲的欲望；如果起点高了，那些希望弥补自身不足的学生会望而却步。

* 刘华，江苏省苏州中学数学教师，数学教研组长，苏州市名教师，苏州市学科带头人，苏州市优秀教育工作者。2008年至今，在苏州市电教馆培训平台常态化开设面向数学教师的在线培训课程。2014年至今，参与或主持多项信息技术应用能力提升工程培训课程的制作和开发。2018年6月开始，多次参与线上教育直播，承担并组织苏州中学数学教师进行线上教育值班答疑。

直播课程面向苏州市的全体学生，其学习能力存在差异是显而易见的，但既然是面向全体，自然还是要关注到学力较弱的学生。对高中数学而言，任何难题都源于课本，所以，我们会做一个简单的假设：通过课内的学习，学生已经掌握了所学的概念和课本上较为基础的习题。在此假设下，直播课中例题预设的起点就是那些课本上较为综合的习题，或者是一些考题的母题。由于学生在课内已经学习了数学概念，所以直播课程就将概念梳理的起点放在体系建构上，由点及线、以线构面，以习题讲解为载体，讲授概念间的联系以及知识运用的方法。从某些角度看，这种备课预设与外出开设公开课极为相似，都是“盲备”，但两者的区别在于，公开课班级内学生的差异性没有直播课这么大。

从另外的角度想，既然直播课面对的是不确定的受众，而且个体间差异也许会非常大，所以，想要面面俱到几乎是不可能的。高中数学教学目标之一是帮助学生直面高考，直播课程中也许不会直接出现高考试题，但题组构建的指向是明确的。

由此我们可以看出，高中数学直播课程的构建，起点是课本，终点是指向应对高考的数学能力的培养，这种架构在高中数学直播备课模板中就已经体现。对于参与直播听课的学生来说，三心二意地浏览、心猿意马地听课都不会有真正的收获，只有沉下心来、认真领悟、举一反三，才会有长足的提升。

二、完善内容设计，提升能力

平时有学生一直来问:“为什么上课听懂了，习题却不会做？”我一般是这样回答的:“数学是听不懂的！”

的确，数学课程不可能仅仅靠听讲就能领悟。数学知识需要在问题解决中不断运用、反复强化，才能深入理解其本质，最终形成体系。所以检验数学知识是否掌握的基本方法，是看在问题解决中是否能自如地运用所学。与课堂教学不同，直播课程无法组织有效的课内训练，在教师“一言堂”的情境下如何关注学生关键能力的提升是一个新的课题。

在直播课堂中，教师可以使用聊天区与学生进行简单的互动，因此可以设计选择题、填空题让听课学生进行当堂反馈。当然，在直播课程中，学生反馈不像在课堂教学中那样直接和高效，而且聊天区的内容是面向全体师生的，如果用于答题，那么前面学生的回答会对后续的反馈内容产生影响。

另外，在线直播（包括课后点播）中，学生看到的内容是有局限的，学生看到问题后的反应时间也较为短促，因此复杂的问题结构要尽量避免。高中数学直播的老师们在设计模板时，已经充分地考虑到这一因素，我们采用“问题＋变式”的方式来设计例题。

由于变式题与例题大多具备相同的情境或结构，所以学生听讲时，就可以持续地关注相同或相似的情境，避免了情境转换带来的干扰。这一设计模式的优点是可以帮助学生聚焦问题，在某一点上加深理解、形成突破、提升能力，而缺点是课堂的教学内容不够全面，不能完整再现两次直播课程之间数学校内课程的全貌。

对于直播课程而言，选择合适的突破点比面面俱到更有价值，数学学习的主战场还是校内课程，直播课程追求在核心概念、关键能力上有所突破，而不是替代校内课程。这一点应该成为参与线上直播教学的全体师生的共识。

三、适应技术发展，优化形式

在线直播不是新鲜事物，但从无到有，总是会有一个适应和发展的过程。对高中数学而言，如果将习题的解析都录入课件，直播时照本宣科，学生一定感到索然无味，但如果根据学生的反馈来生成教学内容，则需要平台提供更多的功能。

在数学直播课堂中，习题的讲解需要配合书写。相比事先录入解析过程，用书写来生成解答，更能展现数学思维的过程，能更好地示范数学表达，当然，对教师的要求更高。目前，直播中使用的书写方式有两种，其一是利用手写笔在屏幕上书写，其二是利用外置的手写板。手写板与平时的书写方式一致，但存在着定位不准的问题，需要不断修正和调整定位。而在屏幕上直接书写，手感与平时书写差异较大，不容易控制。无论哪种书写方式，都需要教师提前进行一些练习。

对于在线直播课程中的反馈，需要平台提供新的功能。例如，能否开发一项在线答题反馈模块，与现有的聊天区区别开来，让学生完成教师布置的在线试题。试题以选择题或答案为简单数值的填空题为最好，还要有简洁的答题统计功能，以便于授课教师快速得到学生的答题信息。

此外在观看其他老师的直播课程时，我发现书写的画面与声音存在着微小但可见的延迟现象，但在后期点播中没有这样的情况。是否因为点播的视频是在教师电脑上录制，所以声音与画面是同步的，而直播是通过网络实时传输，声音和画面会有细微的不同步。直播时，声音与画面不同步会造成较差的观感，所以还是希望平台技术人员能解决这个问题。

总之，线上直播对于师生而言都是新鲜事物，存在问题在所难免，面对新的教与学模式，我们应当学会包容和宽容，允许试错、善于纠错、学会容错。只有这样，新生事物才能发展壮大，我们也才能不断进步。

（作者系江苏省苏州中学高级教师）

借助线上教育平台，打造灵动高效课堂

——苏州市立达中学运用网络直播授课案例探究

□ 谢　炜*

自2018年10月15日我校初二（16）班确诊第一例腮腺炎起，班里便有学生不停地病倒，被送检、确诊。至10月30日，该班确诊腮腺炎的病例已达到6例。按照市疾控中心的防控要求，全班必须立即停课。这可急煞了全体学生、家长外加我这个班主任。学生急的是，一旦停课，无法每日到校上课，如何应对即将到来的期中考试？家长急的是，工作日孩子停课在家，没有家长监督，孩子如何能安排好自己的学习？我这个班主任更着急：45个孩子同时脱离了自己的视线，如何管控他们？

学校主管教学的徐寅倩校长立即召集我班任课老师，商议班级停课期间的应对措施。徐校长提议使用苏州线上教育平台，开展班级直播课，利用网络直播的形式，为停课在家的孩子们上课。徐校长指出：用网络直播课的形式给停课在家的孩子上课，这样的尝试在我们学校尚属首次，对班级而言，可解当下燃眉之急；对参与其中的老师们，也是一种全新的教学体验。

这个提议马上得到了老师们的支持。对于网络直播课，很多同事都还比较陌生，我有幸在今年暑假接受培训，为全校学生开播过一次网络直播专题阅读课，体验过苏州线上教育诸多“高大上”的功能，对其新颖便捷的师生互动模式感受颇深。但由于平时依

* 谢炜，苏州市立达中学教师，苏州市教坛新秀，苏州市区语文学科带头人，苏州大市语文基本功竞赛、优质课评比一等奖获得者。长期担任学校班主任工作，多次获校优秀班主任称号。

然遵循传统的课堂教学模式，对直播课的研究探寻也仅止步于此。班级停课阶段将启用网络直播课的形式，为在家的孩子们上课，而且不是一节单纯的专题讲座，而是连续性、全科性的课程讲授，这对老师们来讲，是一次全新的教学体验，更是一次超越常规的挑战。

我很快按照学校要求拟出了网络直播课的课表，并通知到每个家长和学生。家长的第一反应是让孩子在家上网络课，这行吗？

初二（16）班停课期间直播课安排

	时间	一	二	三	四	五
上午	8: 00—8: 40	语文	英语	数学	语文	物理
	8: 50—9: 30	政治	数学	英语	物理	英语
	课间休息					
	10: 00—10: 40	数学	历史	英语	数学	语文
	10: 50—11: 30	数学	作业课	语文	英语	语文
	午休					
下午	13: 00—13: 40	物理	物理	作业课	政治	历史
	13: 50—14: 30	英语	语文	作业课	作业课	数学
	14: 45—15: 25	作业课	作业课	作业课	英语	作业课
	15: 35—16: 15	作业课	作业课	作业课	作业课	作业课

行不行，看行动！周一的第一节直播课就是我的语文课。担纲“首播”的我早早来到学校特辟的直播间准备上课，可是由于系统故障一直无法正常进入线上教育平台，我和学校的技术人员忙活了半个多小时，左右倒腾、仔细排查，才终于排除了故障进入了直播课平台，离第一课开讲的时间已经过了二十多分钟！学生们在线等待的时间太长了，一时“民怨沸腾”，家长 QQ 群里也是各种吐槽。我的直播“首秀”在一片狼藉、仓皇中惨淡收场。

下课后，我自己总结了一下这次直播课失败的原因，并分享在了班级组同事群里，以方便大家更好地开授后期的直播课。

第一，对于像我们这样第一次使用线上教育直播平台，或者不熟悉操作流程的新手，最好先在自己的电脑上登录平台，多琢磨、熟悉一下平台上的功能。

第二，对于连续性的上课，可以按照课表时间提前创建好自己的直播课，既方便后台管理人员审核，也能使学生在主页面看到课程预告，选择进入直播课的时候指向性更明确。

第三，学校应设置专门场所，配置专门机器及教具（摄像头、手写板等）。摄像头像素应清晰，手写板感应应灵敏，部分设备应设置备品，确保设备及时可用。应配置专人对设备情况进行管理。

第四，因网络和硬件的不确定性，增大了网络直播课在授课过程中的不确定性。各科老师上课的要求均有不同，为确保授课的连贯性，至少应保证两套设备能同时使用。因此建议学校在直播间准备两台电脑设备，一台使用，一台备用。

数学老师正在直播授课

经过第一天的磨合，自第二天始，班级的网络课授课过程顺利流畅了许多。老师们也在逐渐适应这种面对电脑开讲的另类课堂，学生们则对这种别开生面的授课形式倍感惊喜。从我的语文直播课上就可以明显感觉到，学生对课堂的参与热情明显高于传统的课堂模式。在我看来，网络直播课程相较于传统课堂授课模式，有以下几点优势。

第一，寓教于乐的教育模式。直播课程是利用音、视频及互动优势，还原真实课堂的网上虚拟课堂。老师坐着讲课，学生坐着听课，打破传统教育中老师与学生上课的拘谨，从某种意义上来讲，这真正地实现了师生间平等对话的场景，它没有改变教育的本质，而是以寓教于乐的方式营造出相对轻松愉悦的课堂气氛，极大地带动了学生对于课堂的兴趣。

第二，参与即是学习的互动模式。直播与传统课堂最大的区别是互动的多样性，传统课堂上师生之间的互动基本上限于“师问生答”，一堂课中即便老师设计的问题较多、学生参与答题的次数较多，师生间互动的频率还是非常有限的，学生与学生之间的互动更是少之又少。在线上教育直播课中，学生不仅能在网上学习，还能在网上即时向老师提问、质疑，与同学讨论、交流。老师可以就同一个问题，要求所有学生同时给出自己的答案；也可以通过“举手”功能，开放某一个学生的语音功能，让其在直播课堂上发言。同在一个直播间的同学，可以同时看到自己所有同伴回复的内容，极大地拓展了学生的思维空间，激发了学生的思维能力，提高了学生的参与热度，打破了传统课堂的时空限制。这种参与式学习、讨论式学习，能很大程度地带动学生的兴趣和积极性。同时也是未来教育提高学生核心素养的发展趋势。

第三，高效、及时、精准的反馈模式。线上教育直播课提供的多样的师生即时互动模式，让老师可以根据学生的课堂反馈及时调整课程节奏，并且可以根据学生的需求在一定程度内改变教学内容，使得学生在有限的时间内获得更有效的知识。学生从平台下载教师授课使用的课件，针对自己课上没有完全掌握的知识点，可通过反复回看授课视频录像仔细揣摩。课程结束后，教师可以通过平台的统计数据查看学生的到课率、在线时长，通过学生在线互动的频率，查验学生的听课效能。平台还有作业布置功能，学生可在线提交作业，教师可在线批改，及时反馈，高效精准，提高了学生的学习效能、提升了教师的工作效率。

感谢苏州线上教育直播平台，为我们停课在家的孩子提供了一种高效的学习模式，不但让孩子们没有因停课而耽误学习进程，还让他们率先领略了“互联网＋”时代新型的教育模式。作为参与到网络直播课程的授课教师，我们也深深感受到，教育正在经历一场史无前例的变革，在这样一个日新月异的激荡时代，我们也需要不断转变观念、更新思维模式，“翻转”我们的课堂，才能“链接”上时代跳动的脉搏！

（作者系苏州市立达中学高级教师）

线上教育：引领未来教学变革新形态

□ 程振理*

一、初遇线上教育

我与苏州线上教育的美丽邂逅，缘于2018年春天苏州市教师发展中心组织的“在线直播、在线答疑教师培训”会议。

在此之前，我对“线上教育”一词虽有所耳闻，然而并未切身体验过，只能在脑海中想象一幅幅画面，颇有些“雾里看花，水中望月”的意味。在我的想象中，“线上教育”改变了当前班级授课制的固有模式，学生或坐在家里电脑前，或聚在图书馆的角落里，利用网络音、视频设备，或自行查阅资料，或点击网站视频课，或参与跟帖进行表达，或与教师、同学在线交流……然而细想下去，画面的具体细节却总是模糊不清。

通过这次培训会，我聆听了领导专家的介绍，观看了试点学校的演示，才第一次对“线上教育”有了更为直观而真切的了解：手机、平板、电脑，APP客户端，信息化、智能化、个性化，小学到高中、全学科覆盖、2500G视频资料，名师团、全过程、全免费，资料中心、问答中心、直播中心、学习中心、个人中心……这些生动鲜活而具象的画面，填补了我对线上教育原有的认知空白。

在我的眼前，一个崭新的教育空间缓缓打开。这是有别于以往任何传统教育的新形态，线上教育突破了“时间、地点、人物、事件”的限制，改变了传统“以教师为主导、

---

* 程振理，江苏省苏州中学语文特级教师，正高级教授级教师，江苏师范大学、苏州大学兼职硕导，江苏语文特级教师学术联盟秘书长，江苏省“333工程”高层次人才，江苏省优秀教学成果奖获得者，教育部经典诵读“国培”项目授课专家。发表论文200余篇，出版教育教学类书籍17种，曾获江苏省人民政府“哲学社会科学优秀成果奖”。英国剑桥大学、牛津大学、韩国汉阳大学访问学者，应邀在国内各类研讨会上课或讲座百余场次。

以教室为阵地”的教学方式，学生真正成为学习的主人——何时学、在哪里学、学什么、怎么学，这些原本“规定性”的动作，此刻都允许学生自主选择——以自己喜欢的方式，学自己需要的知识。

二、参与线上教育

真正参与线上教育，应该从2018年6月的线上答疑算起。2018年5月底，接到市教育局科技教育与信息处通知，苏州线上教育中心面向全体直属学校开放，其中市级在线答疑工作由各直属学校以星期为单位轮值承担。遵照文件要求，我负责遴选上报苏州中学语文学科在线答疑教师信息，并带头参与首轮在线答疑工作。

通过参与在线答疑的切身实践，我进一步熟悉了苏州线上教育中心的操作流程：用电脑或手机或平板登录在线答疑网络系统的“问答中心”值班答疑，对学生提出的相应问题给予解答。这是一种与日常课堂答疑完全不同的形式。虽然在线答疑开放之初提问的学生并不多，然而这种网上互动的问答形式，在线师生随时随地开展互动问答，不受任何时间与地点的限制，极大地拓展了学习的空间，颠覆了传统面对面的问答方式。正如手机与网络的运用改变了人们的生活方式，在线教育必将在更多领域改变师生互动的教学形式。

这种在线答疑的形式，不仅适用于日常学习答疑，更适用于周末或节假日。尤其是寒暑假，学生不便到校请教老师，教师也不便到校辅导，便可充分利用在线问答的形式，随时随地线上互动解决问题。即使学生或老师在外地游学，或在家中避暑，也不影响线上互动。根据苏州线上教育中心的安排，我校安排了7、8月的线上答疑工作，并受到学生、家长和老师的好评。

在线授课是我亲历的更深层次的线上教育。根据苏州线上教育中心的安排，我于8月7日上午，在教师发展中心的直播室，面向全市学生在线开设了一堂《考场写作怎样拿高分》直播课，切身体验了在镜头面前上课、在视频上与学生互动。与传统授课形式相比，线上教育显著的优势在于：一是受众范围扩大——传统课堂现场教学，一个班一节课一般四五十名学生参与，而在线授课允许成千上万名同学同时参与；二是上课资源可及时保存——传统课堂是一次性视听，而在线授课却可以同步保存，便于未能及时参与的同学随时调阅，即使已经参与的同学也可以通过再次看课学习。这同时也是优质教学资源聚沙成塔的惠民工程。

线上教育以其超越时空、方便快捷、便于存阅等优点，作为改变传统的教育教学形式，至少是一种与时俱进的必要补充，必将成为引领教学变革的新形态。

三、思考线上教育

苏州线上教育中心开通线上答疑与直播上课等，标志着苏州教育从传统单一模式向未来多元形态模式转型。可以说，线上教育是网络时代的必然产物，也具有其超越传统模式的种种新优势，实现了教学与学习过程的网络化融合。对学生而言，通过线上教育，学习渠道更多元，学习过程更有趣，学习方法更个性，学习效果更显著。线上教育必将成为未来教育的重要形式之一。

然而凡事都不可能完美无瑕，线上教育亦然。在参与线上教育实践的过程中，我也切身体会到，线上教育并不是万能的，不能因为其具有种种优势，就以其替代原有的传统教育，它只是传统教育的必要补充。未来教育应是更加多元而包容的教育，而非以此代彼的单一固化教育。

就当前而言，线上教育最显著的不足：一是学生参与的质量监控有待完善，仅仅依据在线人数并不足以反映学生参与质量，况且目前实际参与人数并不多；二是线上授课答疑与在校上课答疑存在交叉重复，线上教育不应成为课堂学习的重复性替代（先学或后学），也不应与课堂学习毫无关联，它应是对学校课堂另一视角的必要补充；三是目前还缺乏线上学习与学科测试的关联评价机制，线上教育的形式新颖生动，但很难据此评价学生线上学习与学科素养提升的关联成果。

笔者相信，这些问题，随着线上教育的实施与深入，会逐步得到改进与完善。

四、展望线上教育

随着网络技术的日新月异，我们越来越深入地体验到数字化给人们生活带来的种种奇妙。诚如托马斯·弗里德曼在《世界是平的》一书中所指出的，数字化世界的出现转变了经济全球化的发展动力，同时也改变了教育的发展需求和运行方式。

美国新媒体联盟发布的《地平线报告》也显示，越来越多的新技术被应用到教育教学领域。人们在不知不觉中适应着新技术带来的变革，作为学习者，对于知识智能的获取方式，也因为数字化网络的融合而悄然发生着转变。

苏州线上教育中心推出的在线答疑与直播授课等，正是适应时代呼唤与师生需求，着力打造在线学习、混合学习和协作学习的融合型多元平台，是一项影响深远的惠民工程。

相信在不久的将来，苏州线上教育的探索会更加成熟，学习平台更简单实用，学习资源更丰富多元，学习效果更加显著。未来的线上教育，不仅仅是学生上网收听、收看，教师授课与提问答疑的平台，更能呈现立体的虚拟教室空间。它将既具有超越时空的操作优势，更具有彼此可见可控、互动高效的学习情境。

未来的线上教育，应作为现有教学模式的拓展。学生既可以身处书院式的现实学习情境，亦可借助微博、微信、QQ、慕课、智搜、知网以及校内图书电子平台等来完成自己的个性化学习任务，还可随时随地登录线上教育平台，享用海量优质学习资源、智能学科辅助工具、在线学习社区以及第三方服务等，自主开裹个性化学习，并可同时与教师、家长、同学在线沟通、释疑解难。

学生不仅可以通过线上教育平台提问、观课，更可以依托线上平台制订个人学习目标与计划，设计个人选题探究学习方案，整理个性化课程学习笔记，记录薄弱学科典型错题集，分享课外阅读心得体会，编辑个人优秀作文电子书，制作唐诗宋词音乐课本剧，发表课外小发明成果演示，分析个人学业发展数据信息，开展数字化渗透选修学习研究等——未来的线上教育与线下教育，将高度融合而相辅相成。

笔者相信，苏州线上教育平台会日益完善，苏州教育的明天会更加美好。

（作者系江苏省苏州中学教师、江苏省正高级教师、特级教师）

想当“网红”不容易

□ 郁琳玲*

“唉！我想上公开课，可惜机会太少。”“哎！公开课上完了，可是听课老师并不多。”想要用公开课证明自己教学能力的老师如是说。

“唉！其实我的专业素养并不差，可是家长总认为我年纪轻，很难把控课堂。”基本素养过硬的年轻老师如是说。

“唉！这些知识点太重要了，学生只听一次很难记住，好希望学生可以重复多次学习，以加深记忆。”进行学科重难点教学时的教师如是说。

苏州教育民心工程苏州线上教育中心解决了以上难题，优点颇多：受众广，机会多，公开教学展风采；年纪轻，素养硬，挥斥方遒显能力；反复听，记忆深，学习难点易突破……

苏州线上教育中心给广大一线老师提供了公开展示的机会，让老师们都有机会成为教育“网红”。倘若你上课时机智幽默、风趣十足，那么你的学生定会遍布苏州许多学校；如果你上课时观点明确、方法新颖，那么收听直播课时定有不少学生急着记笔记；如若你上课时收放自如，旁征博引，那么收听录播的次数也会蹭蹭直长……基础实，观点明确，有特色，创意十足，方法新，容易掌握……这些特点都有可能让授课教师成为教育界的“网红”。

---

* 郁琳玲，江苏省新苏师范学校附属小学语文教师，获苏州市教坛新秀“双十佳”、苏州市教坛新苗、苏州市“我身边的青春榜样”优秀青年教师。她秉持勤勉进取的本性，探索科学高效的教学方式，努力描绘七彩的职业蓝图。

想当“网红”真心不容易啊！想要成长为苏州教育界的“网红”，一般要达到以下几点：

1. 素养硬——专业素养扎实，综合能力较强

曾经听人说：“孙悟空之所以能成功，一是跟对了人，师父有背景、人脉和专业知识；二是做对了事，自我能力强，定位清晰，专注优势领域；三是心理素质好，不畏强敌，敢于亮剑；四是有平台与和谐的团队。”成为一个成功的、优秀的教师，是每一个励志耕耘的教师的梦想，但是真正能够成为优秀教师并不容易。

确实，愿望无限美好，但路途真的很艰辛。能成为教育界“网红”的，应该是一个思想有高度，专业有深度，具有超凡人格魅力，充满激情的人。看到这些，扪心自问，自己在这些方面有欠缺，还要不断学习，不断完善自我。

2. 钻研勤——钻研教材认真，教学设计适宜

徒有扎实的素养，没有勤奋学习的态度，成为“网红”之路也必将坎坷。线上教育平台上的网络直播课面向全校或者全市的学生，甚至是陪同旁听的家长们，授课老师承受的压力并不小。

不管是线上还是线下，作为教师，始终要把解读教材的能力作为自己的看家本领。就如特级教师孙双金所言：“上好语文课，解读文本是第一步。”因为线上教育平台受众广，在传授知识有失偏颇时很难有再次更正的机会，因此，在解读文本时，教师需要从读者角度、作者角度、教者角度、学生角度等多角度智慧解读，做到细读文本。

解读完文本后，教师们要设计出适宜在线上教育平台操作的教案。鉴于线上教育平台自身的特点，教案的设计要兼顾线上教育平台的特点，方便在平台上操作。如在课堂中经常使用的以小组合作为代表的合作探究的学习方式就很难操作，取而代之的往往是自己朗读、自己理解、自己感悟。

3. 网络畅——教育平台稳定，直播课堂正常

设计完精彩的教案和课件，真可谓“万事俱备只欠东风”了，可惜直播课开课时，却吹起了“西风”。“直播课开始啦！”班级家委会中的学习委员在班级微信群中提醒大家收看直播。可是好几次进行直播课时，都有家长在下面留言：“不能登录呢！”“我的课怎么没声音？”“卡得不行，PPT 也看不到。”“加载不了。”……几次观察下来，收看直播课时一般会出现以下情况：无法登录，进不了“线上教育平台中心”；登录成功，但无法加载所学内容；图像声音都有，但显示不同步；图像或者声音呈现不完整，

有缺失；课件无法同步呈现，效果不好；网络不畅，上课过程断断续续……

如果线上教育平台的网络环境不够稳定，势必会影响听课的效果，也会打击学生收听直播课的积极性。就我班而言，前两次的直播课实际参与率分别为65%和70%，而这次则降为30%。

学校	年级	班级	学生数	参与人数	实际参与率
江苏省新苏师范学校附属小学	四年级	1504	40	26	65.0%
江苏省新苏师范学校附属小学	四年级	1504	40	28	70.0%
江苏省新苏师范学校附属小学	四年级	1504	40	12	30.0%

希望线上教育平台中心可以加强网络环境管理，让教师教得顺利，过程流畅；学生学得扎实，兴趣盎然；家长陪得乐意，支持欢迎。

4. 课程精——直播课程整合，教学时间固定

如果直播课的内容是各个相互之间联系不强的知识点，那么学生学的知识就是零散的，没有系统性的。这一方面，近期推出的名师直播课的安排就呈现了体系化，如进行了三次《想象力训练营》、三次《如何学会阅读》、四次《单元学习梳理》的直播。但在各个学校教师进行的直播课中，许多课是以讲授试卷、单纯讲述某个知识点为主，总体而言系统性不强。

希望在教师们进行直播课教学时，可以由一位教师专门就一个专题进行系统化教学。如语文教学中，可由一位教师专门教学阅读专题。这一专题教学可以分几次课教学，如抓线索，认真揣摩，深入理解内容；抓重点，由整体到局部，掌握成篇之术；抓文眼，了解情节勾连，理解全篇题旨。也可以从答题技巧方面进行教学：如理解标题作用，学会分析句子，理解重要动词，知道表现手法，理解段落作用等。

如果教师的直播课不仅能呈体系化，还能固定在同一时间段，这将方便家长、学生安排时间进行直播课的收看，也将吸引更多的学生收看该老师的直播课。

让我们前行在线上教育的路上，努力成为教育界的“网红”！

（作者系江苏省新苏师范学校附属小学教师）

借力信息技术，提升体育教师信息素养

□ 杭金亮[*]　卞家骏[*]

互联网时代，不敢用、不善用、不常用信息技术的教师是会被逐步淘汰的，面对新生代网络“原住民”，如何应对技术的飞速发展，如何展现信息技术与课堂教学的深度融合？

对于体育教师来说，教学实践中体育课堂信息化建设遇到了一些困难与阻力，比如，体育课堂信息化受到场地因素的限制较大，对设备的要求比较高；学校呈现信息资源孤岛现象，资源优化整合难度大；体育信息化人才匮乏，等等。

困则思变。但从哪里开始改变，着力点又在哪里？对此，苏州教育给出了答案：在教师！

一、树立主动意识，运用信息技术促进体育教师专业发展

2014 年，教育部制定了《中小学教师信息技术应用能力培训课程标准（试行）》，其中“应用信息技术支持教师专业发展”是课程目标之一，“通过培训，教师树立主动运用信息技术促进专业发展的意识，掌握专业发展所需的技术手段和方法，学会利用教师网络研修社区，有效参与信息技术支持下的校本及区域研修，养成网络学习习惯，促进终身学习，实现专业自主发展”。

---

* 杭金亮，苏州市草桥中学体育教师，第四届苏州市中小学教师教坛新苗。主持市级课题《“移动终端”在体育教学中的应用研究》。多篇文章发表于《人民教育》《中国教育报》《中国教师报》《江苏教育》《苏州教育》等国家、省、市各级各类期刊。

* 卞家骏，苏州市草桥中学体育教师，苏州市群体工作先进个人。长期从事学校田径队训练工作，带队多次获中学生大市团体前三名，优秀教练员。

体育教师运用信息技术促进专业发展的意识不强，存在一些客观原因。一是教学管理方面，人们对语、数、外等所谓“主课”任课教师的教育信息技术能力要求高、投入大，提供的学习研修机会多。对包括体育课在内的其他所谓“小学科”教师的信息技术素养及其应用，大都漠然视之，有的甚至提不出什么要求，更是没有把体育教师的信息技术能力考核纳入教学管理的议事日程。二是体育教师自身，部分体育教师，特别是年龄较大的教师在体育教学中应用信息技术的兴趣不高，思维固化，有些中小学体育教师并非体育专业出身，上好一堂体育课勉强可以，再要求其运用信息技术手段提高课堂效果更是困难。三是针对体育教师开展的岗位培训甚少，据了解，自2001年新课改以来，针对语、数、外教师的新课改岗位培训多，而针对体育教师的岗位培训甚少，尤其是针对体育教师信息技术知识能力的培训则更少。四是一些学校对体育课不重视，导致在职称评聘、评优选先、任用提拔中体育教师机会较少，仿佛低人一头，损害了教师利用信息技术手段来提升业务水平和教学质量的积极性。

究其原因，思想意识上重视是促进体育教师信息技术专业发展的首要条件。如果意识上不给予足够的重视，结果不会很理想，在专业能力发展的问题上也是如此。有些教师自认为目前拥有的能力完全可以应付教育教学了，没有必要耗精力去提高，自然也就不重视了。殊不知，现在的环境变化之快，学生对教师的要求之高，如果等到师生间的差距达到一定程度时，教师有面临被淘汰的可能。因此，树立主动运用信息技术促进专业发展的意识至关重要。

二、借力苏州线上教育中心，搭建体育教师发展共享平台

苏州线上教育中心是以“苏州名师全过程全免费”为核心理念，统筹全市名优教师资源并贯通线上线下与课内外的高度信息化、智能化、个性化网络学习平台。目前，资源中心有中小学体育微课、录播课300多节。学生可以根据自己所需观看、留言、评价等，这对体育教师提出了更高的要求，线上教育平台的运用仅仅是体育教师信息素养提升的有效方式之一。

信息搜索，通过网络资源不断拓展知识的宽度和深度。在搜索查阅资料方面，打破以往信息闭塞的瓶颈，通过网络的搜索功能可以随时获取想要的结果。在体育教学中遇到难以把握的内容，可利用信息搜索，准确呈现某个动作技术或某个知识点的易犯错误、重难点，有利于教师在实际教学中提高课堂教学效果。因此，网络学习已成为教师专业化成长的一个重要的知识源泉。

线上集体备课，打通教师专业化成长的合作平台。备好一堂课是体育教师的首要任务，线上集体备课打破了以往教师独自完成备课的过程。在信息技术时代，教师可以通过多种渠道共享网络电子教案、视频教学案例等丰富的教学资源。在此基础上，可以借鉴学习优质资源，根据自己的教学实际情况，大胆创新，集思广益，形成一套适合自己的教学设计。线上集体备课，拓展了教师备课的空间，为教师的专业发展、成长提供了一个良好的合作学习的平台，增强了教师的自主学习和合作意识，有利于教师教学方式逐步转变，提高课堂教学效益。

个人微信公众号、博客，是展示教师专业化成长的舞台。通过微信公众号、微博等信息技术，可以使个人的思想得到更广泛的传播、分享，以文字、数字、文本和图片等方式，把日常所思、所想的各种思想迅速及时地积累和保存下来，超越传统时空局限，让所有人可以共享。利用网络空间可以促进教师快速成长为研究型教师，不仅能够提高教师的教科研水平，还能加强教师之间的相互交流与协作。通过同行的留言可以看到自己的不足之处，逐步养成教学反思的习惯。

三、深入融合信息技术，创新体育课堂教学

教育信息化背景下，传播途径的多样化让学生获取知识的途径变得多元，这给教育教学带来了革命性变化。教师要把自己的身份从“应试教育”的引导者转为信息技术的引导者，树立新的人才观、教学观，激发学生的潜能，培养学生能力，尤其是信息技术能力的形成，让学生成为有创新能力的人。

2018年，教育部发布《关于实施卓越教师培养计划2.0的意见》，深化信息技术助推教育教学改革。体育与其他学科教学最大的不同点是体育教学是通过各种身体锻炼来进行，学生需要学习并掌握一定的运动技能。传统的体育课堂教学模式大多采用教师讲解示范、学生练习的形式，教学方法枯燥、乏味，学生的学习兴趣不高。在体育教师实践中，我们会遇到许多个人很难解决的课堂问题，比如，上一节技巧课——前滚翻，大部分体育教师不是专业运动员出身，此类技巧项目的动作示范不一定能够准确到位，如果给不了学生正确直观的示范，学生很难在头脑中建立初步的结构概念；其次是分解动作无法全部展现出来，学生在学习过程中不容易形成正确的空间想象，在练习过程中则会出现多种错误动作，降低课堂的效果。

信息技术的出现，有效地改变了体育课堂的形态，一方面是在信息技术的推进载体上下功夫。比如，在跨越式跳高课上，体育教师的教具不仅仅有一个哨子，还要有一个

iPad。利用 iPad 可以有效解决上课过程中队伍调动时间长、示范动作不到位、学生动作反馈不准确等问题，课前教师会在网络空间提前上传本节课队伍调动的微视频，只需要小组长课前观看即可，在分组练习时由组长带领大家进行分组练习，不需要体育教师因队伍调动而花费大量时间，教师简单指挥即可完成。在学生分组练习过程中，教师可通过 iPad 拍照进行个别辅导和纠错，让学生清晰地观察到自身动作不到位的地方，有利于学生迅速掌握技术动作。另一方面可以利用大数据功能提高运动训练的精准度。比如，在中长跑课上，学生可以佩戴信息化手环，实时监测心率——传统的体育课上教师会让学生自己测测心率，这种方式精准度不高，利用信息技术手段可以根据学生心率的情况采取针对性的训练方式，对不同体质的学生进行分层教学，一定范围内心率低的学生加大运动量，心率高的可以适当降低运动量，利用数据不仅仅提高了课堂效率，还降低学生因运动量过大造成的运动损伤。

以互联网、大数据、人工智能为特征的信息技术时代，为学校体育提供了更广阔的前景、更丰富的资源和更优质的教育过程，也为体育教师职业的专业化成长提供了良好的发展平台。信息技术会随着时间的推进迭代更新，运用信息技术提升体育课堂效率或改变课堂形态，关键在提升体育教师的信息素养。

媒体札记

苏州线上教育中心新学期“大礼”：2.0版“大咖”来袭，学知识更长能力

□ 卜雪梅

由政府买单、惠及全市150万中小学生的苏州线上教育中心一经推出，即得到社会关注。2018年5月，苏州线上教育中心已全面在市教育局下辖的所有直属学校铺开。截至目前的统计数据，约有65万人次登录平台进行学习。2018年9月，苏州线上教育中心再为广大学生及其家长送上实实在在的“重礼”——由大市学科教研员、命题研究专家全程参与，统领苏州线上教育中心的课程资源以及教学工作。

在2018年8月31日召开的苏州线上教育中心新学期新闻通气会上，记者获悉，升级后的苏州线上教育中心由大市教研员、命题研究专家领衔，召集全市各学科的名师共同体成员和在市级以上竞赛中涌现出的优秀中青年教师组建学科团队，集体开发课程内容、研讨授课方式，教研员全程把关课程质量。首批共组建了19个学科团队，涵盖了小学、初中、高中主要学科。

苏州线上教育中心主打两大栏目——微课和直播课，微课一课一个点，侧重学科各个章节重、难点的突破；直播课重在师生互动答疑。从新学期开始，名师直播课将调整为以学期为单位的整体规划，与学校教学保持同步，同时以周为单位为学生进行分学段、

分学科的阶段性总结、复习、提升。专家老师将更加细化直播课环节，推出在线导学、在线课堂、在线问答、在线测试四个环节。平台还将通过采集学生观看直播、在线测试等线上学习的行为数据，形成学生线上学习特征库，为智能推送、智能答疑等自适应学习服务提供数据支持。

苏州市教育科学研究院将定期组织市级微课大赛，所有在苏州线上教育中心可检索的微课资源，均为大赛中获奖的市级优秀微课。

苏州市教育科学研究院“线上教育”项目负责人嵇瑾介绍，此次变化除了让微课、直播课在内容上更与学生在校学习同步，并强化了有体系、有步骤的重难点学习，还有一个重要的变化就是师资团队的组成，除了原有的特级教师、名师大咖以外，更吸纳了富有朝气活力，深受学生喜爱，在各级各类评优课活动中表现突出的中青年教师。

苏州市教育科学研究院嵇瑾：我们的师资团队是老中青结合，活泼并严谨。新改版的苏州线上教育中心在内容上是由教育科学研究院教研员来统领的，教研员的身份如同学科“司令”，负责学科教学内容设计、教学进度以及在中考、高考中对于命题的研究与指导，在满足老百姓对孩子升学的要求上是具有话语权的。所以在微课、直播课的内容选择上就可以达到精准有效的目的。

在直播课互动答疑环节，如果有比较多的学生来问问题，老师能保证都予以答复吗？

苏州市教育科学研究院嵇瑾：我们以授课老师为中心，组成答疑团队。甄别学生问题，将具有共性的问题当场答复，学生个别问题，将会发送答疑中心，由老师个别回复。

当天，初中数学、小学语文、高中英语等相关教研员参加了通气会。会议强调，以最强的师资为中小学生提供最优质、最有效、最受学生欢迎的线上教育，真正让百姓享受到“教育红利”的福泽。小学语文特级教师、小学语文教研员也是此次苏州线上教育中心小学语文师资团队负责人许红琴老师强调，苏州线上教育中心作为学生在校学习的有机补充，除了强化突破学科知识的重难点，帮助学生巩固知识外，更重要的功能是将借力全市最著名、最优的教学名师团队，尝试用主题教学的方式，来为学生学习方法的获得、学习能力的提升做出突破性的提高。

苏州线上教育中心小学语文师资团队负责人许红琴：我们会有单元梳理这个版块，但是不是简单地重复学生的在校学习，而是通过名师梳理，来帮助学生理解这个单元学习中的核心能力点，比如写景文章的特点，如何表述、架构等。同时，这些不同的主题也是分别由在这些方面很有研究、形成有效成果的名师团队来完成授课，这些特级教师也好、名师也好，他们长期在一线教学，对于小学语文学科的知识能力、学习规律很清楚，希望给学生比较系统的帮助，最终使学生拥有独立学习的能力。

为使学生、家长、教师在使用平台时有更好的体验感，平台将对苏州市级直播教师、系统管理员以及一线教师定期开展各类培训，平台也正在加大向全市覆盖的推进力度。

（作者系苏州市电化教育馆媒体中心记者）

“网红教师”刘洪：六十岁成了“网红”老师，线上教育让奇事不奇

□ 卜雪梅

2019年1月是苏州市名教师刘洪从市高中英语教研员这个岗位上卸任的时间。其实从年龄上算，2018年9月刘洪就年满六十，而在退休的这个时间点，却发生了一件让刘洪老师没想到的“大奇事”，他竟然成为一名“网红”，并且最令人称奇的是刘老师“红”的速度之快超出我们通常的想象——只用了一节课的时间。这节课就是刘洪为苏州线上教育中心推出的名师课堂第一节线上课。他上的课题目叫作“美丽的英语美丽的你”，这个题目是刘洪动了不少心思，专门为线上课而起的。他坦陈，自己的第一个目的就是要吸引学生看。日前，记者见到刘洪老师时，他正作为高中英语线上教育名师课堂团队的“导师”，指导团队成员、年轻教师屠勤琴。

苏州市教育科学研究院高中英语教研员刘洪：你的标题很好，但是我建议改成中文，因为我们的课跟传统的公开课不一样，这个课是面向全市学生的，线上课很重要的三点就是要让学生看得懂，还爱看，并且有收获。

“心中有学生”，是刘洪在指导年轻教师的过程中反反复复提及的话。已经获得过省赛一等奖的屠老师告诉记者，自己虽然是“80后”，但是在面对线上教育这样的教育新形态时，时尚度、敏感度远不如他们昵称的“刘sir”。在开展线上教育这件事上，六十岁的刘洪有时显得更年轻、更活跃、更有激情。

江苏省苏州第十中学校英语教师、“刘洪名师工作坊”成员屠勤琴：当时因为工作的关系没有听刘老师的课，但是听见学生反馈说“刘 sir”上的课太棒了，说有这样一个老先生上课特别的“嗨”。他是一个善于学习的人，不停地学习。他有时候叫他自己是“老鲜肉”，但我们觉得他是“小鲜肉”。他线上课用到的网络语言（如“打 call”等）比我们还多。

刘洪老师告诉记者，其实几十年老师做下来，接受的挑战也不算少，但是，临近退休的年纪接到的这个挑战几乎让他有一种重新开始的感觉。从组建线上名师课堂“梦之队”，一名一名精心挑选能把课上好、上有趣的老师，到提出线上课的上课标准，“学生愿意收看，学生觉得受益”，有深度、有高度，更要有趣味。

每一条标准都体现着刘老师对于“教书育人”的理解。

苏州市教育科学研究院高中英语教研员刘洪：我的课程题目是“美丽的英语美丽的你”，我的目的是让高一的学生听了我的课以后，重新拾起对英语的兴趣，感受学习英语的美感，激发学生学习英语的动机，掌握学习英语的有效方法和策略，今后成为美丽的你。

刘洪说，那堂线上课是他几十年的教学经验的积累。整整一个星期他把自己关在家里的厕所里，认真地演练了几遍，直到自己都快爱上自己的时候，才郑重出镜。还穿上了从未穿过的玫红色的衣服。让刘老师在那堂线上课过去了半年后仍感到喜悦的事：一是当时录制时，摄像都说听懂了；二是观看此课的学生数不断上升，500 多，到 600 多，最后到 1000 多。

苏州市教育科学研究院高中英语教研员刘洪：学生在互动窗口写的各种评论和感受，基本都是好评，还有就是积极地参与，让我备受鼓舞。我在上课视频中，有一段叫学生仿效一首诗来写作，就是那首“我世上有三爱”。结果有个学生写“I love three things, you , you, and only you”献给我，让我太感动了。我觉得世界上没有什么“保鲜不老”的秘方，但是如果作为一名教师，要想跟得上时代，只有靠不断地学习。还有就是心里装着学生，思学生所想，给学生所需，解学生所惑。所谓名师，必须精益求精，学无止境，那线上、线下的课堂都能从容对付、上得精彩纷呈。至于“网红教师”这个称号我还是蛮喜欢的，因为这意味着学生的认可，这是做教师的至高荣誉。

（作者系苏州市电化教育馆媒体中心记者）

“治愈”家长“心病”，孩子从“要我学”到“我要学”

□ 卜雪梅

苏州线上教育中心自推出以来，让教师的教、学生的学都在慢慢地发生着一些改变，越来越多的“叫好声”还来自家长，家长们的叫好声一方面是因为全免费的举措，但更多的原因是因为线上教育让他们看到了孩子从“要我学”到“我要学”的转变。

在苏州市彩香实验中学校上初三的魏钰的爸爸毫不掩饰地夸赞苏州线上教育中心，他说这个平台的推出是真的搬掉了他心中的一块大石头，对于苏州线上教育中心他双手“点赞”。

苏州市彩香实验中学校学生魏钰爸爸：我了解自己孩子，她需要学好多遍才能消化吸收知识，可是学校里的课堂教学，老师不会为她一个人反复讲，所以，孩子上了初中后，我们也花钱报过网课，因为网课可以实现反复学。

魏钰爸爸告诉记者，他第一次知道苏州线上教育中心是通过老师发的一份通知书，当时他并没有太上心，真正让他动心的是女儿兴奋地跟他商量要报选苏州线上教育中心网课的神情。在魏爸爸看来，女儿急迫地想要学习的样子是他让最开心的。

苏州市彩香实验中学校学生魏钰爸爸：孩子要学习是我们家长最开心的事了，我就

跟她说，你根据你自己的需要，挑选一些，因为也没有那么多时间全部都看。孩子自己选的课，学习起来就很投入，这是我们最想看到的。至于免费嘛，也是政府送给我们的“福利”吧。

为了激发学生主动学习的热情，苏州市彩香实验中学校在推动苏州线上教育中心工作时，强调了对学生学情的充分了解。选择教师中的“精兵强将”根据不同学生的学习情况，推出不同层次的网上直播课，同时向学生发放选课单，由学生自主选择所上的网课。

苏州市彩香实验中学校信息处教师薛钧东：苏州线上教育中心平台上有名师直播课，与传统课堂不同的是，直播课老师们会重点结合学生实际情况推出不同难度的课，让学生选择，这大大提高了学生的主动性。

薛老师说，一开始老师们的热情并不是很高，但是几次课上下来，老师的主动性被调动了起来。潘漪老师任教语文，她是学校第一批上直播课的老师，那种教与学的新体验让她开始喜欢线上教学。

苏州市彩香实验中学校教师潘漪老师：一开始我不习惯没有学生的讲课方式，可是后来发现，线上师生互动其实更热烈，同学们甚至也会评论我的教学。他们让我看到了我的另一面，线上教学，我减少了大声喊叫的次数、维持纪律的高嗓门等。

潘老师觉得线上教育让教学回归本质，成为一种纯粹的知识传递，越来越多的学生点赞更给了老师为人师者的快乐，学校里已经有越来越多的老师喜欢上了这种教学形式。

（作者系苏州市电化教育馆媒体中心记者）

名师来哉，校园里也“追剧”

□ 卜雪梅

从 2018 年 9 月以后，苏州市第二十四中学校每天中午 12 点都会有来自不同年级、不同班级的学生准时赶往学校的电脑房“追剧”，只不过，追的不是电视剧，而是苏州线上教育中心推出的名师课。

学校电脑房一共可以容纳 42 人。2018 年 10 月 9 日中午，记者现场数了一下，有 30 多名同学走进电脑教室，观看苏州线上教育中心名师录播课。这个名为“名师来哉”的“校园剧”当天的上座率超过了 80%。一人一机，同学们很娴熟地戴上耳机，在平台上寻找自己喜欢看的名师课，不同年级、不同班级的学生同处一室，各取所学。初一学生窦升看的是关于经纬线部分的地理课程。他告诉记者，中午 12 点进入电脑教室，观看苏州线上教育中心名师课渐渐成了他的新爱好，因为电脑房的座位有限，来学习是需要先向老师申请的，为此他还改变了中午做引体向上锻炼的习惯。

苏州市第二十四中学校学生窦升：老师说了，中午在电脑教室收看名师课目前只对家中没有宽带、电脑的同学开放。今天是我第五次观看名师课。我觉得名师讲得很仔细，有些我在教室里上课时没听明白的地方，现在都弄懂了。

苏州线上教育中心自 2018 年 3 月推出以来，逐步扩展、普及开来，并于 5 月在苏州市教育局直属学校全面铺开。9 月又推出“2.0 版”——由苏州教育科学研究院统一整合名师资源，配套不同学段、不同学科教学进度，同步辅导授课。学校副校长陈少华告诉记者，作为定点吸纳外来务工人员子女学校，该校有超过 90% 的学生是通过积分入学的，无论是家庭经济情况还是父母指导孩子学习的能力方面都存在着不少困难。经过调查摸排，学生家中未安装宽带的达到了 10.48%，家里没有电脑的占 34.22%，学生没有自己专用手机的占 31.96%，这些学生在家不具备线上学习的条件。为此，学校划出了中午的一段时间，开放电脑教室，推出了“师生自习时间”，还特意取了个颇有苏州味道的“剧名”——“名师来哉”。

苏州市第二十四中学校副校长陈少华：苏州线上教育中心是名师阵容，全免费，这个对我们学校学生是很需要的，因为他们的经济状况不允许他们得到更多的培训、补习的机会，也让他们存在着观看苏州线上教育中心名师直播课的困难。因此，我们商量由学校来为他们创造受益线上教育的条件，我们开放学校电脑教室，午间提供给同学们看名师录播课的场所。同时我们的教研组也会组织教师观看苏州线上教育中心名师课，使教师也能从这个平台上收获专业成长。

“名师来哉”才推出几周，好评如潮。初一（6）班班主任刘洋越来越多地感受到苏州线上教育中心给学生、老师带来的影响。刘洋老师说，自己上课，因为身处其中，有些细节难以发现，而观看线上名师课，一方面看名师的教学设计，另一方面也帮助自己发现以往教学中的盲点。

苏州市第二十四中学校教师刘洋：苏州线上教育中心课也有互动，我发现老师出示不同题型，学生的互动状态不一样，这提醒我在自己的教学中应予以注意。

初二（4）班鲍兴远同学最初是被妈妈“逼着”看苏州线上教育中心名师课的，看着看着他便喜欢上了，还让妈妈向老师提出申请，观看“名师来哉”。

苏州市第二十四中学校学生鲍兴远：刚开始，我想这个苏州线上教育中心可能会很无聊，因为将学校老师已经讲过的课再看一遍没啥意思。看了之后却发现老师讲得很透彻，还可以预习下一课要学的内容，不至于课堂上听不懂，现在我很愿意看苏州线上教育中心的名师课了。

顺应学生被苏州线上教育中心激发出的学习热情，学校继推出“名师来哉——师生自习时间”后，还将推出苏州线上教育中心学习任务单。

课程与信息处主任丁铮：学生们踊跃报名“名师来哉”，在自习时间也非常认真，选择自己需要的课程进行主动学习，后续我们还有一系列计划，比如，观看直播课将配备学习任务单、学习感悟问题记录卡等，然后我们会收集起来反馈给相关的教研组，进行有针对性的答疑，以弥补他们因为没有条件进行直接线上答疑的遗憾。

（作者系苏州市电化教育馆媒体中心记者）

线上教育“无奇不有”，五位学科老师同上一堂课

□ 卜雪梅

上人数众多的公开课对于苏州的中小学教师们来说不是一件新鲜事，但是给1400多名学生上课，却是苏州线上教育中心推出后出现的教学新景观。苏州市南环实验中学校的校园里，就有五位老师在中秋假期里亲历了这样的“大场面”。

学校利用假期面向全体学生推出了一堂特别的线上直播课，这堂直播课从预告时就赚满“眼球”，不仅因为课程的名称很文艺——“平分秋色一轮满”，还因为这一堂课里融进了四门学科和五位老师。全校1400多名学生几乎都上线观看这堂直播课，课程团队主持人胡成亚老师告诉记者，当时直播课中，有五六百人与老师互动，那种被学生回答的问题“刷屏”的感觉让她这个教了很多年书的“资深”老师有了一种从未有过的震撼感。

苏州市南环实验中学校教师胡成亚：从初一到初三，我们设计了不同层次的题目。学生特别热情，“刷屏”特别快，学生的知识面也超出了我们的想象，学生们都说很期待下一次的直播课，希望有更多的学科融入进来。我感受最深的就是，线上课堂打破了界限，让不同班级、年级的同学参与到一个课堂，还能热情高涨，这让我感受到了传递知识的幸福。

这节课整合了语文、数学、英语、音乐四门学科，召集了五位学科老师。胡成亚老师告诉记者，为了这堂课，五位老师认认真真磨课一个多星期，仔细“研磨”不同学科

之间过度以及融合的方法，比如，如何有一个出彩的开头，如何有一个意犹未尽的尾声等。数学老师过晓娟为了将中秋元素融入数学，花了整整两天的时间寻找合适的素材。最后，以从一首描写周瑜的古诗中引出列方程计算古人年龄的方式，开始数学课的直播。

苏州市南环实验中学校教师过晓娟：有时，在课堂里上课感觉是教师一个人在讲，学生的反馈并不多。这种形式（直播课）下，学生反馈的热情是前所未有的高，这让我觉得学生还蛮喜欢我讲的内容。我觉得线上教育带给教师的是一个全新的平台，可以让教学形式更丰富多彩。

对于老师如此用心推出的这堂直播课，学生给予了最热情的回应。初三（1）班的李兰兰同学第一次上到这样全新样式的课，一下子就被吸引住了。

苏州市南环实验中学校学生李兰兰：我从来没有想到数学课可以由古诗来展开，感觉很新奇，整个过程中融入了很多知识，老师还设计了抢答的环节，同学们都非常踊跃。大家都觉得时间太短了，还没怎么听够就结束了。

语文老师黄文艳早在六年前就尝试借用网络信息技术来开展教学。她说，作为一名教师最重要的责任是激发学生的学习兴趣，最快乐的事就是看到学生爱学习，为此无论是六年前的在 QQ 空间推出名人名言、美文解读，还是如今的线上教育都是实现这一理想的方式。

苏州市南环实验中学校语文教师黄文艳：因为当时我发现学生很喜欢看 QQ 空间、刷微博，所以我就在 QQ 空间里发一些名人名言等希望学生学习的内容，与其要求学生多读书，不如用他们喜欢的形式在他们心里种下爱读书的种子，这是一件有意义、有意思的事情。

黄老师将这样的思考放置在开展线上教学的过程中，她说在苏州线上教育中心上直播课时，老师不能大段地讲解，交互性不够，学生很容易“脱落”。

苏州市南环实验中学校教师黄文艳：边塞诗的内容比较难理解，我讲的时候就在期间跟他们讲一些边塞人们的生活习俗，如边塞人们如何保养头发等，效果非常好。

在苏州市南环实验中学校，苏州线上教育中心的推进工作采用的是全员参与和全科覆盖，同时还专门辟出了三间直播间，配备专门的技术人员做支撑。无论是年长还是年轻的教师，都没有技术上的“后顾之忧”，可以积极迎接线上教育给教师们带来的新挑战。

（作者系苏州市电化教育馆媒体中心记者）

从"网友"到班主任，解困初高衔接难题有了新通道

□ 卜雪梅

学生升入高一级学校，通常会有一个衔接适应的难题，这个问题在初中升入高中时可能尤为突出。江苏省苏州中学园区校是一所寄宿制学校，这里的高一新生除了面临学业上的适应问题，还面临着生活上的适应问题。而今年该校高一新生在适应方面与往年相比却显得更为顺畅一些，这里面固然是有学校所做的各方面努力，也有其他一些因素，其中苏州线上教育中心功不可没。

吴冯老师是2018年江苏省苏州中学园区校高一年级部主任，高一新生的适应问题也是她最为关注和操心的事。最让她高兴的是，本次开学第一天，学生与学校、老师少了往日的陌生拘谨，反而更多了一份"一见如故"的亲切感。报到首日，一些高一新生及其家长竟然能叫出学校十来位老师的名字，还有的急吼吼地想知道自己的孩子是不是在某某老师的班上。开学一个多月来，无论是从期初的测试还是日常的学习状况来看，新生的"青涩"少了，也更加适应高中的学习生活了。吴老师表示，这与2018年暑期学校组织老师在苏州线上教育中心平台上开展的大量直播课有很大的关系。

江苏省苏州中学园区校高一年级部主任吴冯：我现在已经听到我们的学生会跟家长说，不要报其他培训班了，就想在家里看看我们老师上的线上教育课程。我觉得这是对我们从暑期开始到现在一直在推进的线上教育的最好评价。我们暑期的课程主要是弥补了初中与高中学科知识衔接不够的"真空地带"，这样就能让学生更好地适应高中的学习生活。

江苏省苏州中学园区校高一（3）班阮君璞告诉记者，听了线上教育平台上的课，

他不但解除了对高中学习的小担心和对高中寄宿生活的小忐忑，而且对高中的学习生活多了几分期待。因为线上听课，完全不同于线下，多了些网上聊天的亲切感，老师的幽默让阮君璞尤为印象深刻。

江苏省苏州中学园区校学生阮君璞：其实我以前在外面上补习班的时候，也上过这种网课，不过第一次听自己学校老师上的网课，感觉还是蛮意外的。不仅能听课，重要的是还能聊天，平台上的课，各个学科的都有，很全面。英语老师 Jungle 的课非常有趣，他讲得非常详细，课堂气氛也很活跃，常常会在过程中开些玩笑，互动特别多。他会邀请同学回答问题，这种感觉像网上聊天，虽然隔着屏幕，但感觉还是更亲切一些的。那时候，老师也不认识我们，这种匿名聊天的感觉让我挺舒服的，回答问题也会更大胆一些。这让我对高中的学习更期待。

与阮君璞一样有期待的还有夏雨薇，只不过，女孩儿夏雨薇对于老师的关注更多一些。线上直播课中师生互动有了几分“网友”的感觉，那么第一天走进教室，看见“网友”下线成为班主任，那种感觉很奇妙。

江苏省苏州中学园区校学生夏雨薇：之前我看过线上化学课，很早就知道了吴冯老师。当时线上课，吴老师讲解内容很细致，并且人也很好看，挺温柔的，后来发现她竟然是我们的班主任，我很高兴。现实中我们班主任和她在直播课上给我的感觉一样，很细心、很负责，挺合我的“第一感”的。

未见其人，先听其课，让高一新生迅速融入新的高中学习中，对于接下来更为常规的线上教育课程自然愿意接受并喜爱。而对于老师们来说，线上教育虽然是新推出的、新增加的“任务”，但这种方式所带给他们的反思却不断在“发酵”。比如，菲菲老师尽管在暑期第一堂线上直播课中出了不少状况，一开始报名上她的直播课的学生数量也不多，但是学生“不下线”让菲菲老师对线上教育有了更为投入的自觉。

江苏省苏州中学园区校菲菲老师：我讲的内容是古文，其实蛮枯燥的，当时因为对技术操作不熟，我还拖了时间了，但是我发现，那些学生都没有下线，始终在听我的课，这给了我很大的鼓励，后来我又主动上了第二次直播课，我觉得我要更多地增加一些互动，效果会更好。

这次暑期直播课最受学生喜爱的老师是不算年轻的王军起老师。教英语的王军起给自己起的英文名叫“Jungle”，他说这个英文单词是丛林冒险的意思。他喜欢挑战一些新事物，将信息技术用于教学是他很愿意尝试的“冒险”。他乐意以线上直播的方式来靠近学生。他主要看中的是这种方式可以为学生提供无限的学习时空。他的英语直播课点播量高达五千多人次，他最高兴的不只是看的学生多，而更在于学生在反复看。

江苏省苏州中学园区校Jungle老师：线上教育可以无限拓展学生的学习空间，但是因为线上老师不能看见学生的表情反应，所以对老师的发挥是有局限的，因此需要老师更多地调动学生，更强调以生动有趣来阐述主题。比如我讲语法，这样的内容是很容易让学生睡觉的。我就学了易中天的方式，用通俗的方式来讲解枯燥的知识。讲解过程中随时与学生互动，比如讲解“现在进行时”，我就会问学生你现在在干嘛，这样学生就会比较喜欢、感兴趣。

（作者系苏州市电化教育馆媒体中心记者）

年轻教师的“催化剂”，年长教师的“减龄神器”

□ 卜雪梅

据了解，此次教科院对十二中语、数、英三门学科进行课堂教学调研，其平均优秀率达到74%，与去年相比有了大幅提升。而老师们说这提升的背后有着苏州线上教育中心不小的功劳。

苏州线上教育中心推出以来，在十二中不只学生会上线观看，老师上线观看、学习也已经被列入了各科教研组进行教研活动时的必备环节。数学教研组进行的教研活动就是从观看苏州线上教育中心市级名师课开始的。杨慧是十二中数学教研组长，她告诉记者，数学教研组年轻教师多，如何迅速提升年轻教师的教学水平，是提升学生整体教学质量的关键，所以，对年轻教师的帮扶也就很自然地成为教研活动的重点。

苏州市第十二中学校数学教研组长杨慧：以前我们常用的方法是邀请名家来校，指导我们青年教师的专业发展，但是毕竟名师、名家的资源是有限的，也不能随叫随到，苏州线上教育中心汇聚了很多特级教师、名师的课，又是网络环境下开放的资源，这就为我们青年教师的成长带来很大的便利，我们进行教研活动时，会组织教师来学习名师示范课，再结合自己的情况、所教学生的情况来调整自己的教学方案，这使青年教师成长得非常快。你看，这段时间，我们有不少青年教师在各级各类专业能力竞赛中获得了很好的名次，一、二等奖都有。

数学老师朱丽云领先主持了项目“以逻辑思维训练促进学生核心素养的发展”。这一项目旨在通过数学课堂教学来促进学生核心素养的发展与提高。该项目获得了苏州市义务教育学业质量监测结果运用优秀案例评选一等奖。监测结果包含了学生感受、教学效果以及实绩等多个方面的指标。在朱老师看来，这个一等奖的获得主要是因为教师整体教学水平的提高。苏州线上教育中心的出现不只是把名师送到学生家中，也相当于给每一位年轻教师配备了多位名师导师，更让师生关系发生了不一样的改变。

苏州市第十二中学校数学教师朱丽云：名师课对我的教学很有帮助，学习之后让我的课也更有吸引力了。名师对教材的挖掘更深，复习时对知识的梳理也更系统，这些对我都很有启发。

苏州线上教育中心带给朱丽云老师更大惊喜的是，她发现在线上网络环境里，她与她的学生围绕学习这件事第一次有了“同学”的感觉。

苏州市第十二中学校数学教师朱丽云：我也会在线上看名师课，学生也会看名师课，虽然我们关注的点可能有所不同，我更关注教法，他们更关注知识点，但是我们的话题有了交集，师生关系变得更平等，师生之间有更多的共同话题了。

相比较朱老师上名师课的深刻感受，英语老师龚旻对线上答疑更有感觉，在网络环境里，学生的活跃程度让她更多地体会到作为一名教师的欢喜。

苏州市第十二中学校英语教师龚旻：在网络环境中，学生更活跃，他们提问也比在课堂里更积极主动。

学校教务处主任邵华做了一个统计，暑期观看直播课市级名师课的有 1795 人次，这对于全校暑期在校生 410 人来说，是一个很高的收看率，其中学生个人线上学习时间最长的有 85 小时之多，这就意味着一个孩子几乎每天都有两个小时的线上学习时间。邵华同时也担任着初三物理的教学工作，她告诉记者，苏州线上教育中心最让她惊喜的是今年她新接手初三的学生，竟与她一见如故，因为在暑期，通过直播课她已经与学生相识相熟了。

苏州市第十二中学校教务处主任邵华：在线上，师生同处一个网络空间，大家是平等的，学生就会觉得老师在这里和我们是朋友，师生关系就更亲近。很容易直接互动，比如我直播课的时候提了一个问题，有同学很快就回答了，这种情况在教室里是比较少见的。我记得我暑假里上直播课，跟同学们说过，你们好好回答、答对了老师会有奖励给你们。结果新学期特别巧的是，暑期里在线上听我直播课的学生升入初三，我们第一天遇到，就已经有了很熟悉的感觉了，一点也没有陌生感。

邵华老师已经有二十三年的教龄，算是一位资深教师，她认为线上教育让年长教师自然而然地保持了年轻状态。因为在线上，你会不由自主地使用一些网络语言。

苏州市第十二中学校教务处主任邵华老师：我觉得会让我“减龄”。在网络中，会用一些网络语言，用孩子们喜欢的语言，如“你们稀饭不稀饭我啊”，这样我们的关系一下子就非常融洽。并且，就好像我们共同在学习，只不过我稍微懂得多一点，老师与学生一起来解决问题，这是我认为线上教育与传统教学不太一样的地方。

（作者系苏州市电化教育馆媒体中心记者）

缪诣欣：以学定教，考验老师“真本事”的时候到了

□ 卜雪梅

缪诣欣老师目前在苏州市第四中学校教高二数学，已经步入工作岗位第十个年头的缪老师在教学上已是熟门熟路，作为有经验、有精力的骨干老师，他也是学校里将信息技术融于教学的“活跃分子”。缪老师告诉记者，她前段时间刚上了本学期第一堂苏州线上教育中心数学直播课，这同时也是她做的第三次线上直播课。

“Y 等于 X,Y 等于 X 方，Y 等于 X 三次方，sin、cos。”网上流行的“函数操”被缪老师引入直播课。她一个人对着一台电脑，念念叨叨、手舞足蹈，自带喜感。缪老师说，若不是苏州线上教育中心直播课的出现，她很难想象这样的“网红行为”会出现在她这样的高中数学老师身上。而随着苏州线上教育中心直播课次数的增多，缪老师说，她越来越喜欢这种自由、欢乐、幽默有趣的教学状态。

缪老师回忆第一次上直播课的“窘境”时，直言教师要主动尝试新事物，尝试新做法，直面实践中出现的“窘境”，它往往会给教师带来更大的成长。

苏州市第四中学校数学老师缪诣欣：一开始我观摩别的老师直播课时还觉得挺轻松的，感觉不难，可是，真到了自己上直播课的时候，情况完全不同。我先试录了一下，状况百出。作为老师，我的每一句话、每一个动作都被录制下来，还被放大了，同时又看不见学生的脸，我无法像平时那样通过学生的表情来判断他们听课的状态、学习的效果，只能一个人对着屏幕讲，本来我准备上五十分钟的课，试录的时候，发现我花了三十分钟就都讲完了。回看时，发现自己就像照本宣科一样，这样的课学生肯定是不想听的。

第一次试录直播课给缪老师带来不小的触动，她告诉记者，没有什么比让学生喜欢

听课更让老师在意的了，于是她跟着儿子上了一堂网络老师在线英语直播课，看看吸引儿子主动要去上的直播课有什么“秘诀”。

苏州市第四中学校数学教师缪诣欣：平时上课比较严肃，因为面对面，还是有意保持了师生的距离，但是对着屏幕上课，反正我也看不到学生，我就可以尝试活泼一些，所以我在最后正式上直播课的时候，就带着学生做了一遍“函数操”，感觉气氛一下就活跃起来了。过程中，也增加了互动的环节，我可以邀请学生发言。原本我以为气氛会很沉闷，但学生们的热情出乎我的预料，原来学生是很期待被老师邀请的。学生把音频发过来，我听到学生反复说：“老师你是在问我吗？”“很激动很期待！”这样的感觉真好。

缪老师告诉记者，目前学校安排的语、数、外学科教师的直播课是以年级为单位、面向整个年级的学生开的。她所在的高二年级约有三百多名学生，而她的直播课点击量已经达到五百多人次，这样的数字对她而言是一种肯定，也是网络打破教室界限的新挑战。缪老师认为，线上、线下是互相推动的，她说，以前常将 PPT 作为辅助教学工具，在线上直播课中发现，使用手写板对帮助学生理解知识点更有效。因此，她在线下上数学课时，也会尽量使用手写板，将解题过程以适当的节奏呈现出来。缪老师说，暑假过后，走在校园里，有了更多的原本不认识她的学生通过网课认识了她，跟她打招呼，这让她意外，更令她欣喜。她说，没有什么比学生喜欢听她的课更令一名老师开心的了。

据悉，为了推广苏州线上教育中心在学生中的普及率，四中专门成立管理团队，制订专门的计划，覆盖高中三个年级所有学科，使苏州线上教育中心在暑假全面铺开。新学期一开始，线上教育进入日常状态，语、数、外每周一节直播课，以年级为单位，由备课组集体备课，分不同的主题由老师根据自己所长来领取直播任务，一课解决一个难点。其他六门学科两周一节。历史老师邵志刚同时还担任着一个班的班主任工作。一次线上直播课上下来，除了教学上的改进，他思考更多的是线上学习的管理问题。

苏州市第四中学校历史教师邵志刚：上直播课我发现一个问题，点名结束后，学生会进进出出。有学生离开，多少心里会感到失落，会想是不是我讲得不够生动，学生的接受度不够，所以我就想到如何加强线上教育直播课的管理问题。

邵老师将管理班级的一些做法加以改良，并尝试用在了第二次直播课上。除了在教学内容上做了更多补充、延伸外，还通过小游戏、小奖励，与学生互动等方式来加强对超越传统班级概念的学生的管理。

（作者系苏州市电化教育馆媒体中心记者）

线上线下同步教学 让老师焕发新魅力

□ 仇荣剑

近两年来，苏州市草桥中学校努力构建“混合式学习模型”，这一模型由网络学习、传统课堂、体验学习三大部分组成。而今年苏州市教育局推出的苏州线上教育中心给该校的师生们在“混合式学习”中带来了不小的福利。

学校政治老师邢奇志是苏州市名优班主任工作室领衔人、苏州市德育学科带头人、苏州市十佳班主任，如此多身份的教学领军人物最近在教学上遇到了烦心事儿。

苏州市草桥中学校政治教师邢奇志：我觉得教师上课最大的优点就是情感的交流，现在我突然对着电脑讲课，真的是挑战我的想象力。所以对我个人来讲，新技术时代来临，我就尝试一下，用直播课作为一个切入点。当初的想法很简单，就想培养更多的人，比如说这本书很好吧，如果面对面介绍的话受众比较少，就那么几十个人。我想传播给更多的人，所以我就想上直播课，但没想到直播课对于我来说是一个大挑战。

采访当天，邢老师录制本学期她的第一节阅读直播课。与往常在学校开设的面向学生的综合实践课程不同的是，这次的阅读直播课的受众是家长。邢老师说，平时与家长面对面交流是她擅长的事儿，但隔着屏幕给家长上课，这让她感到有点不自然。这样一节阅读直播课从前期的内容选定到后期的录制，她花了一个多星期。

苏州市草桥中学校政治教师邢奇志：家教方面的书，我准备了十几本，然而选择哪本书推荐才能吸引家长阅读呢？因为我发现绝大多数书的观点都是“问题学生折射着问题家长”。这家长就不爱听啊。我就发现了一本书说，问题学生更多是由同伴影响的，特别是初中的学生。

邢老师的这节阅读直播课是向家长推荐家教读本——《教养的迷思》。她说，推书的目的是考虑到家长由于工作忙，很少有时间看书，通过她的推荐，给家长们更多家教上的新观点、新角度。当然，她更希望以此推广亲子共读的重要性。

苏州市草桥中学校政治教师邢奇志：对于学生精神发育的标记，就是他读过多少本书。我自己能走到今天，也是我读过的书标记了我走过的路。所以我觉得对于家长也是一样，你想把孩子教育好，就要有多种思维、多种视角。但是一个人的精力是有限的，所以如果我帮你推荐一本书，你没时间看，但是我告诉你几个关键点，对于你的教育来说就多了几种可能性。

线上教育对于平时较少使用信息技术的老教师邢奇志是一个挑战，但对于青年教师袁婷婷来说却是机遇。教了 11 年初中历史的袁老师，从 2013 年就开始接触心理学，如今兼任学校的心理老师。每周一次的初一年级心理课，除了线下教学，也会进行线上的直播课。令她出乎意料的是，她的心理直播课的受捧度远比历史直播课要高得多。

苏州市草桥中学校心理教师袁婷婷：我这次教的是“学做自己时间的主人”。在这个过程中，我做了一些实验，我想这是特别受学生欢迎的。我觉得线上的实验就是需要做一些先期的准备，比较遗憾的就是学生只能看我做。因此，以后我可以做个课前预告。线上教学时，与学生的互动是比较好的，我能第一时间知道学生处于什么状态，但线下的教学接收学生的反馈比较迟，有的时候只能自圆其说。我觉得以后我可以做一些互动，搞一些奖励机制，激发学生学习的积极性。

苏州市草桥中学校政治教师邢奇志：我觉得上直播课也是让自己知识更新的机会。现在一直讲很多的教育理念，我觉得所有的理念都抵不上一次行动。就是我现在去干这件事能有多大的影响？这就是我想参加这件事的原因，给自己的知识库换个血，年轻一些，跟上新的观念。

（作者系苏州市电化教育馆媒体中心记者）

数学老将线上直播“家庭教育”良方

□ 仇荣剑

苏州市胥江实验中学校的数学老师应茜是一位拥有 20 多年教龄的“老将”。因负责学生处家庭教育工作，本学期，她接手了一项新的教学挑战——利用苏州线上教育中心推出家庭教育线上直播课。前不久，应老师完成了她的第一节直播课。

苏州市胥江实验中学校老师应茜：我这节课的教学对象是初一年级的新生，授课主题为“站在小升初的台阶前，家长应先行”。开学初刚好面临升学季，很多家长对孩子充满各种各样的担忧，我就想到了这个主题。

作为新学期的开讲老师，应老师说，当时心里特别忐忑，因为受众并不是平时朝夕相处的学生而是家长。如何吸引家长，使他们坚持听完 45 分钟的课，应老师花了不少心思。从选择主题到查找素材再到苏州线上教育中心平台的应用，她花了近三天的时间准备。

苏州市胥江实验中学校老师应茜：线上的课比线下的课需要更多的时间来备课，要预设更多的场景以及家长会提出的各种问题，所以在备课上要做充分。如果要吸引家长坚持听 45 分钟的课，需要一些现代化教育技术手段的支持，我们学校也一直在培训我们老师。在平时的直播课中，我们可以播放一些动画或图片等吸引家长，但最重要的是选择的话题要有足够的吸引力。

令应老师欣慰的是，第一次直播课竟有350多人上线参与听课，让她很受鼓舞。学校信息技术老师刘进，也是一位初一新生的家长。他告诉记者，应茜老师的家庭教育直播课，他是和孩子一起收看的，非常受益。

家长刘进：应老师讲得非常贴近我们家长的实际生活，很有启发意义。作为家长，不管孩子多大一定要多和孩子平等沟通，才能走近他们。老师在上课的过程中是可以和家长网络互动的，家长有问题可以直接问，我觉得这种形式更方便老师和家长的沟通，方便我们家长学习更多家庭教育的方法。

记者了解到，胥江实验中学作为苏州市家庭教育指导项目学校以来，学校依托《苏州家庭教育家长读本》，要求家长进行线下漂流阅读以及通过“苏州父母”App进行线上阅读。很多家长看了读本反响热烈，纷纷提交读后感，深感家庭教育的重要性。而如今，学校将家庭教育课程与苏州线上教育中心相结合，实现了家长在家庭教育学习上的“最大化”与“自由化”。

苏州市胥江实验中学校老师应茜：有的时候我们把家庭教育讲座办在学校里，家长就必须抽出时间来，有些家长因为工作来不了或者名额的限制，就听不到讲座了。但线上教育直播课就解决了这个问题，每个家长都可以通过苏州线上教育中心平台随时看录播课，也可以随时随地与老师沟通交流。

苏州市胥江实验中学校老师王盛光：线上直播课可以让爸爸妈妈、爷爷奶奶一起收看，在这个过程中，家长可以和孩子进行很好的沟通并讨论，没有时间看直播的话也可以利用空余时间点击自己感兴趣的内容进行回看。

记者了解到，目前学校有四位家庭教育指导老师每月轮流针对不同年级学生的特点进行苏州线上教育中心直播课程。在这群老师们口中流行着这么一句话：家庭教育直播课，为爱而学，让爱有方，为孩子创造更美好的未来。

（作者系苏州市电化教育馆媒体中心记者）

站在学生的角度考虑，激发学生的学习兴趣

□ 仇荣剑

苏州线上教育中心自2018年5月推出以来，苏州市各个直属学校都积极应用起来。一个月的课程下来，听老师们的反馈，数学教研组在平台的教学中遇到不少挑战。

采访当天是学校数学教研组老师们每周碰头备课的日子，备课前，他们习惯性地将本周在苏州线上教育中心平台上课的情况进行反馈总结。由于初中的数学课涉及大量特殊符号，老师们在上传课件的时候常常会出现乱码、字体大小不一，甚至有些字体不被默认等状况，这些问题都成了当天老师们热议并去解决的问题。付小飞是数学教研组长，拥有多次直播课经验的他，面对这些问题，有自己的一套解决“秘籍”。他建议，上课的时候，老师可以自备小白板，将乱码、字体不一的部分简单板书，使用手写板也对帮助学生理解知识点更有效。

苏州市第十六中学校数学教研组长付小飞：前几次的数学直播课中，我们学生的参与度不断提高，在直播当中，我们老师可以及时掌握学生的学习反馈情况，对我们调整第二天的课堂教学有很大的帮助。

数学老师王丽敏也是学校教学处副主任。除了执教初一、初二跨年级两个班的数学课，她还是学校苏州线上教育中心工作的总负责人。她说，每个月的第三周，学校每个教研组长会把本学科下个月的所有直播和答疑课的安排都发给她，再由她进行统筹，制定出每月直播表、答疑表以及《告家长书》。在她看来，对于烦冗的教学工作，老师不一定要有“分身术”，而是去享受它，报以学习的心态。线上教育是对自身教学工作的补充，更是一种成长。做直播课一定要站在学生角度考虑，学生自然就喜欢听老师的课了。

苏州市第十六中学校教学处副主任王丽敏：我们的直播课大多以复习为主，通过这

样的形式，一个课程学习阶段后，老师领着学生一起复习，特别好的一点就是学生还可以看录播，有问题会主动问出来。

苏州市第十六中学教学处副主任王丽敏：我们初二（3）班很多同学已经参与了苏州线上教育中心的学习，大家觉得怎么样？

苏州市第十六中学校学生：在家就可以预习，也能向老师问问题，还不需要花家长的一分钱，免费的，很赞。

苏州市第十六中学校学生：相当于足不出户，在家里就能学习，真的很方便。

苏州市第十六中学校学生：如果你有一些地方没有看懂，老师会在讲完的时候，翻到那一页再为你一个人讲。

苏州市第十六中学校学生：如果第一遍没有听明白还可以听第二遍、第三遍，平台里还有资源中心，有助于我们复习、预习。

学校自暑假开始，已在苏州线上教育中心开设了多堂直播课、答疑课，深受家长和学生的欢迎。全体老师将继续通过此平台为学生课堂内所学到的知识进行以周为单位的阶段性总结、提升。

苏州市第十六中学校教学处副主任王丽敏：在直播当天，我们学科老师会提醒学生并且告诉他们，这是作为家庭作业的一部分，我们老师也会相应减少作业量，让学生有时间来上直播课。

（作者系苏州市电化教育馆媒体中心记者）

迷上微课 老师变身“线上达人”

□ 王 越

徐鹏是田家炳高中里最早一批开始微课教学的物理老师。通过一次培训，徐老师开始迷上了微课制作。“小试牛刀”的一年多来，徐老师已录制了30多节微课，超高的点播率，让他成了学校“家喻户晓”的“微课达人”。

徐鹏说，学校一堂课45分钟，微课每节仅6—10分钟，只讲一个知识点、一个公式或一道典型例题，更方便学生将碎片化的时间利用起来，突破学校上的盲点、重点和难点。

采访当天，徐鹏正在录制最新一节物理微课，主题是验证机械能守恒定律实验“自由落体法”。从课件构思到录制完毕，他用了15分钟。徐老师一直用手机录制的方式，一边讲解一边操作，缓缓的语速可以拉长学生的思维，便于学生对知识点的消化理解。

田家炳高中物理老师徐鹏：比较难的知识点，学生听了一遍不太懂，回去之后再看微课，看了几遍就会了。上课时留给学生思考的时间不会太长，看微课的时候学生可以随时点暂停，每个知识点都是详解，再加上配音，效果就很好。

徐老师告诉记者，开始学习制作微课的时候，一节微课，从设计到完成，他需要花近一个小时的时间。经过一年的边学边练，现在一个知识点的微课，徐老师10分钟就能完成。登录苏州线上教育中心平台，你可以看到老师们制作的微课齐刷刷排列着，初高中各学科的微课资源应有尽有。一个个微课视频简单、有创意，足够吸引学生们，学生们随时随地都可以打开手机或者电脑学习。

学生通过平台学习，看着精美的内容，聆听老师的声音，学生不觉得累、枯燥无聊，反而容易激发学生的好奇心，启发学生思考，使学生拥有更高的学习热情。这样的微课使学习方式变得更加有趣，使学习效果变得更加有效。

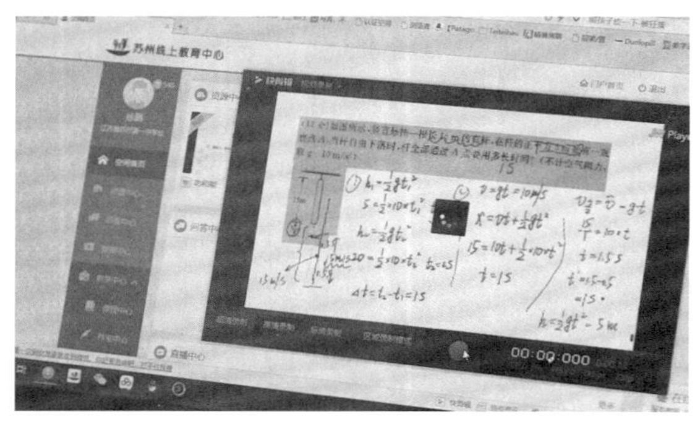

徐老师告诉记者，作为信息化时代下的一名教师，要时刻保持一颗学习的心态。他希望自己能从传播知识的人，变为开发者和创造者，让学生在简单、有趣的环境中享受学习。徐老师制作的“微课”，非常注重具体问题的指向性，关注“小现象、小故事、小策略”，层层剖析而主题突出，强调一集“微课”只解决一个实际问题。

（作者系苏州市电化教育馆媒体中心记者）

“团结、热情”让直播课堂大受欢迎

□王　越

采访当天是金阊实验中学英语教研组集体教研活动，主角是吴岑老师。吴岑，是金阊实验中学的一名英语老师。对于工作三年的吴老师来说，如今她又多了一个教学手段“网络直播”，这让吴岑小小地“红”了一把，苏州一些微信平台推送的“苏州美女老师做起了网络直播”报道，让大家认识了这位利用业余时间和线上教育平台给学生加“营养餐”的年轻教师。

教研活动中，吴老师为这学期学校新进老师进行网络直播课的培训。如何登录，每一个按键的功能，怎么跟学生进行在线互动……吴老师毫无保留地分享了她的经验。

苏州市金阊实验中学校老师吴岑：我们教研团队非常重视团队的合作，依托线上教育平台开展教研活动，探索如何将线上直播课上得出彩，做得有效，又吸引人。我们的资深教师在备课方面，给我们年轻教师提供了很大的帮助，年轻教师在新技术方面接受能力比较强，对老教师在技术方面提供协助，我们是一个互补、共同进步的团队。

苏州市金阊实验中学校老师老师周鑫：第一次上网课还是有点不适应。同学在上面的发言很多，感觉自己有点应接不暇，不知道怎么办才好。我们教研活动是一个很好的平台，大家坐在一起交流自己的观点，相互学习。我们有困难，大家会在组内讨论，大家一起解决。

吴岑第一堂网络直播课是今年寒假上的。当时，她上的是“趣味英语课堂”。直播课上，她可以直接点名，上课时，学生也可以举手提问或回答问题，感觉就如同在课堂上一般。页面还有个评论区，大家可以就上课内容进行讨论，老师也可以随时进行解答，气氛比在课堂上还活跃。

苏州市金阊实验中学校老师吴岑：我是一名“90后”教师，是出生在移动互联网时代的老师，对于新鲜事物我们年轻人都很向往，也愿意去探索。平台确实是给我们提供了很大的帮助，帮我们突破了在教育过程中的时空限制。无论孩子在老家，还是在旅行的路上，只要他有一个iPad或者一部手机，他就能观看线上的直播。

现在，吴岑每周六都会进行一节时长45分钟的直播课，对整个年级的学生开放。据了解，目前学校参与到网络直播的老师有50多位，他们都像吴岑一样，利用苏州线上教育中心对学生进行教学直播，他们成为学生心中的“网红”教师的秘诀是“热情”。

苏州市金阊实验中学校老师汤虞秋：第一次上网课还是有点紧张的，面对上百号的学生，生怕自己出错。上了几次下来，现在感觉比较灵活。

苏州市金阊实验中学校老师宋瑶祎：我觉得通过苏州线上教育中心，学生的学习不受时间、空间的限制，学生可以在任何地点、任何时候，选择任何章节开始学习。学校把资源共享进行到最大化，发挥学科优势、师资优势，更好地把教学成果通过网络分享。

采访中，金阊实验中学的老师们自信地告诉记者，他们凭借每节课的生动内容来吸引学生观看直播课。在学期中间，老师直播的内容会跟课本息息相关，或者是对课内内容的拓展巩固，或者是题目的讲评。在假期中，还会更加倾向于学科兴趣的拓展。

（作者系苏州市电化教育馆媒体中心记者）

孙文明：教与学"线上""线下"自由切换，学生纷纷点赞

□ 王　越

不管你在哪里，只要有网络，打开手机或电脑就能通过苏州线上教育中心这个平台，学习到全市名优教师的直播课程。苏州市第一初级中学校的语文老师孙文明，成为平台上的首批网课老师，他的直播课非常受学生欢迎，一个暑假收获了不少"忠粉"。

孙老师从暑假至今，已陆续直播了"初二语文期末分析""古文赏析"等课程。短短45分钟的直播，孙老师通常要回答十几个问题。孙老师带的两个班，只有80多名学生，而他的网课点击量高达800多人次。孙老师说，学生们往往对新鲜事物感兴趣，网络直播渐渐兴起，好好利用技术带来的变革是现在老师的关注点。

苏州市第一初级中学校学生顾语凝：暑期第一次上网课，感觉这种形式很新颖。在教室里上课，有些同学思路比较快，抢先说出答案，在家里上直播课，我会有充分的时间思考。可以针对自己薄弱的项目多次看、反复看。自己会的部分可以跳过，更加提高效率。

顾语凝告诉记者，在暑期里，她利用线上教育平台，不但对初二的知识进行巩固复习，还预习了初三的部分学科。

苏州市第一初级中学校语文老师孙文明：我们班的学生比较乐于上网课，这样的形式对他们来说很新颖，他们也很乐于提出各种各样的问题等待我的解答。有的时候课未必45分钟能够上完，甚至要上到1个小时。说实在的，第一次上网课非常紧张。刚开始的时候，平台只允许你在正式上课前的24小时进入平台上传课件，熟悉操作。我上课前还特意进入平台折腾了很久，每一个按钮我都点了一遍。

孙老师告诉记者，传统课堂上，老师们有固有的节奏。但线上上课时，压力明显变大，因为上线上课的同学们都是用手机或者电脑来听课，他们可以看到老师，但是老师看不到他们，为了吸引学生的注意力，老师们只能持续“放干货”，让课堂的精彩程度一直维持下去。孙老师说，一节网课上下来，他总是一身汗。

苏州市第一初级中学校语文老师孙文明：这个平台增加了上交作业的功能，很多同学乐意把自己的读课文的作业上交到平台上，让我听。鲁迅先生说，他把别人喝咖啡的时间用来读书，我是把别人刷朋友圈的时间用在“刷”线上教育平台上。

孙文明目前教初三语文，他发现很多学生平时上课时，提问积极性不高，在直播课上，学生和老师虽然隔着屏幕，但是距离好像更近了。在网上，不敢提问的学生敢问了，从中还可以看出学生学习、思考的能力——学生提出的问题带有对当下社会热点的分析和讨论。

苏州市第一初级中学校语文老师孙文明：作为老师，首先自己要有一个开放的心态，如果老师心态很疲惫，对新生事情很抗拒的话，对学生会产生很不好的影响，所以我觉得应该接受挑战，任何一个技术都是有利有弊，我们应该充分地利用它好的方面，为我们的教学服务。

（作者系苏州市电化教育馆媒体中心记者）

线上教育平台让学生近距离感受音乐魅力

□ 王　娜

郇晓华是苏州市觅渡中学校的一名音乐老师，担任着全校学生音乐课的教学任务。郇老师告诉记者，音乐课有它的特殊性，需要把大量的视频、音频推荐给学生。线上教育正好可以利用网上资源，大量地给学生介绍好作品，这也弥补了课堂教学的一些不足。

苏州市觅渡中学校音乐教师郇晓华：“生命之杯”课程，让学生对奥运会、世界杯、亚运会等有了更多的了解。除了体育赛事，我还更多地让学生了解了这些盛会的主题歌。学生非常喜欢，因为它是流行音乐的形式。

通常“生命之杯”用两节课时间讲完，但是两节课上能分享的音乐知识是有限的，所以郇晓华利用线上资源，把一些好的作品放到平台上，推送给学生，学生可利用课余时间进行学习。

苏州市觅渡中学校音乐教师郇晓华：我可以反反复复地放音乐给学生听，但学生对着电脑的时候可能听得更仔细。

郇老师告诉记者，原来上课面对四十多位学生，有时候还不太能够和学生拉近距离，有了网课，学生仿佛就在她的面前，拉近了师生关系。

苏州市觅渡中学校音乐教师郇晓华：时间上的把控还是非常重要的，课堂教学可能有互动，而线上的互动不太多，所以我觉得老师要备好课，充分利用好网络的资源。

不是每个人今后都能成为音乐工作者，但每个人都需要具有审美能力和鉴赏能力。音乐课就是让学生感受到音乐的魅力，树立积极向上的生活信念，形成健全人格。

吴倩是苏州市觅渡中学校初三的一名学生，平时放学后，遇到课堂上没有弄明白的问题，她就会在线上教育平台上打开此知识点的专项讲解。到了周末，更侧重一周知识点的梳理，并对其进行复习巩固。

苏州市觅渡中学初三博爱班学生吴倩：线上教育更具有针对性，在教室里，老师上课不会为你暂停，为你专门答疑解惑。在看线上教育视频的时候，比如说对这个知识点不太明白了，我就可以暂停，进行消化，后面还有习题进行补充。

学生家长周洁说，孩子对电子产品特别感兴趣，现在把原来课余时间的“玩”变成了“学”，而且是主动地学，这让她很是高兴。

学生家长周洁：她会主动定时间，比如课程要开课了她会想着去学，如果没有这个课的话，她就不会想着，就会拿着手机看别的。我觉得这个对孩子来说还是蛮好的，因为培养了他们的时间观念：“这个时间到了，有老师在讲课，我要去学了。”

名师课程资源、名师在线直播、名师互动答疑及学习行为数据分析这四大类全免费的教育服务将惠及觅渡中学全校学生。截至目前，苏州市觅渡中学校已经有十多位优秀老师进行了线上直播，涵盖了语文、数学、英语、物理、化学、政治、音乐等多个学科的内容。苏州线上教育中心平台，促进了名师与名师之间交流学习，帮助教师进一步提升教学质量。

苏州市觅渡中学校校长葛国旺：推出线上教育平台，我觉得非常有意义，这是为了推进我们办公平、有质量的教育。我们要让学生自主学习，除了课堂以外，线上教育成为学生的一种学习方式。以后我们会对家长、学生做更多的普及和讲解，让家长更多地了解、参与，真正感受到苏州市教育局这项实事工程带给老百姓的福祉。

（作者系苏州市电化教育馆媒体中心记者）

主动适应线上教育，让资源更有效

□ 王　娜

由苏州市教育局推出的苏州线上教育中心平台，让名校名师的教学服务通过网络惠及学生，推动了全市优质教育资源共建共享。近日，记者来到苏州市田家炳实验初级中学，对学校线上教育平台的课程设计、开展情况进行探访。

詹振是苏州市田家炳实验初级中学化学教研组长，有多年化学学科教学经验。2018 年 3 月，学校借助苏州线上教育中心平台的引入，针对化学学科特点开发设计了一系列新颖、有针对性的线上教育课程——269 个微课视频、在线测试、例题精讲，深受同学们欢迎。

苏州市田家炳实验初级中学化学教研组长詹振：课堂教育是主体，需要各种教育方式、模式来补充，网上教育就是非常好的补充。

身为化学教研组长，詹老师经常和组内老师们研讨。化学学科组，对照化学课标以及学生学情，重新梳理微课资源，进行二次开发。学生可根据自己的学习情况点击所需要的微课，与微课相对应的检测题目通过大数据的方式，让学生知道自己的薄弱点在哪里，让老师更加清楚每位学生的学习情况，更注重课堂上的答疑解惑。

苏州市田家炳实验初级中学化学教研组长詹振：为现有的微课资源打标签，比如说内容的标签、能力的标签、适应对象的标签等，然后补充一些和微课对应的检测题目，这样一一对应以后就可以方便老师辅导学生，以及学生自我查漏补缺，在学科上起到很好的辅助教学作用。

陆经纬是学校初三（2）班的一名学生，每到晚上吃完饭，她都会在学习完微课后用5—10分钟的时间来做线上教育平台的测试题目。

苏州市田家炳实验初级中学初三（2）班陆经纬：我觉得这种方式挺有意思的，因为不是生硬的考试，而且答完题以后会知道自己错在哪里。老师会把我们都没有很好掌握的东西全部当例题再讲一遍，让我们更加深刻地记住。

陆经纬说，以前在班级内上课，有时候老师讲的内容没有完全听懂，而反应快的同学已经抢先说出答案；现在有了微课，可以根据自己的课余时间自主安排学习，不再受到空间的限制，在任何地点都可以听到优秀教师的优质课。同时，二十道练习题目，是由老师根据学生学习情况以及知识的重难点精心设计的，没有类似以往考试的感觉，而是在答题环节中收获知识和快乐。

这项惠民举措也对老师们提出了更高的要求。如何适应新技术的发展，并运用到教学当中，进一步优化教育教学，成了老师们思考最多的问题。

苏州市田家炳实验初级中学化学教研组长詹振：这肯定是一个必然趋势，对传统教育模式是一个非常大的冲击，鞭策我们的老师要走得更快，走得更靠前。老师们在备课中都要比以前花更大的精力去设计课程。

苏州市田家炳实验初级中学副校长徐然：线上教育平台的定位是对传统的课堂教学方式的一种补充，所以市教育局也好，我们学校也好，主要做的工作是引导和推动学生去用这个平台。我们还是要把线上教育的资源做优做好，让学生觉得这个对自己学习知识是有帮助的。

（作者系苏州市电化教育馆媒体中心记者）

名师首尝直播　千人在线共享情韵之美

□ 王　娜

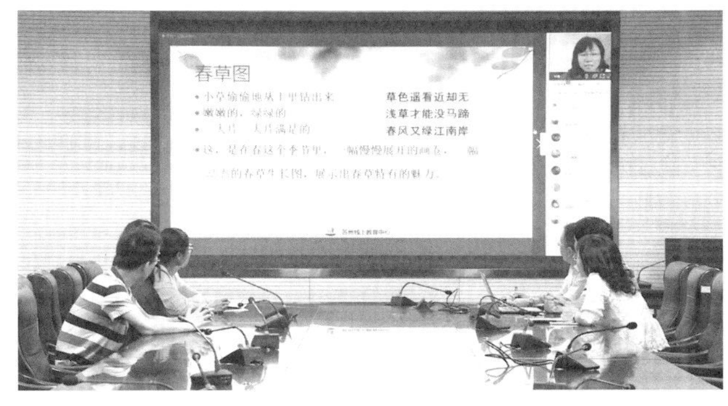

张红英老师是苏州市振华中学校初中语文教研组长、督导与教科室主任。今年已经是她工作的第 31 个年头，她以丰富的教学经验、扎实有效的课堂训练，为全校教师上了一堂堂高水平的示范课，取得了良好效果。

采访当天，张老师在苏州市教师发展中心进行了一堂名为“景中自有情韵在”的直播课，这也是她首次直播，在线观看人数达到了一千多人，后续重复观看累计近三千人次。为了做好这次直播课，张老师做足了准备。

苏州市振华中学校语文教师张红英：要通过朗读让学生理解这些课文，想象画面，体会情感，在这个过程中我就确定了一个教学的点——“景中自有情韵在”。通过这么一个点把所有课文串联起来，找到每一篇文章的共同点，体现了教读课文、自读课文和课外阅读三位一体。

在网络发达的今天，学生获取知识的途径非常丰富，这种学习也是基于资源的开放性的学习，老师是起一个引导、引领的作用。在平时课堂教学上，张老师发现学生有一个很有趣的问题：老舍为什么要选取济南的冬天来写，而不写春、夏、秋呢？春、夏、秋的景色应该比冬天的好，为什么偏偏写冬呢？于是她便以此问题为切入点，在线上直播课中和同学们沟通交流，达到了良好的效果。

苏州市振华中学校语文教师张红英：朱自清的春是人生得意的时候写的，老舍的济南的冬天，写于他在英国伦敦待了好多年回国，来到省会城市济南之际，他觉得济南冬天的气候是不一样的，所以感触特别深。基于作者的情感，因此选取了这样的景。这个话题学生是非常感兴趣的，他们觉得课堂上面好像没有这么讲过。在此基础上，引出一个问题：那么在平常我们的生活比较平淡的时候，见到的景都是平平淡淡的，怎么做到景由情定、景中寄情呢？

张老师是学校开展市级直播课中一位优秀学科带头人，是教育部“一师一优课”部级优课获得者，对于年轻教师应该如何开展好线上直播课，利用好线上平台，服务于教学，她也提出了自己的几点建议。

苏州市振华中学校语文教师张红英：硬件技术要熟悉，对教材要钻研，对学生学情要把握。无论是班级授课也好，线上授课也好，从问题和困惑出发，引领学生。

本学期苏州市振华中学校将整合学科组优势资源，以名师引领，结合学校学科教学进度，制定网上直播课程大纲，有针对性地对学生进行课后辅导，并采用“授课教师+辅导教师”双师团队进行授课，提高学生学习效率，使学生线上线下学习齐头并进。

苏州市振华中学校副校长曹大赞：首先是要求教师对知识进行有效的重组和构建。开学初，学校要求各教研组、备课组编制学习的直播纲要，组内教师根据直播纲要，有针对地对知识点、教学内容进行有机重组和有效指导。同时，需要教师更灵活地设置教学环节，因为教学的环境变了，边界无限拓展，需要教师自然巧妙缩短线上线下、课内课外的空间距离和心理距离，消除学生的陌生感和距离感。

（作者系苏州市电化教育馆媒体中心记者）

各显神通，为学生精心打造个性化线上课程

□ 王　娜

近日，苏州市景范中学校的机房内一批特殊的学生成了常客，往常他们是三尺讲台上的教师，而今天，他们则转换角色以学生的身份来学习如何开展教师的直播课。

线上教育直播对很多教师来说还较为陌生，苏州市景范中学校信息处积极配合，在今年暑期组织了教师的培训，近期是第二轮培训。本次培训侧重让老师了解苏州线上教育中心平台的使用，以及问答中心、直播中心的使用。考虑到老师们大多是第一次接触直播课，所以培训内容从如何建立直播专题、创建直播课，以及如何进入直播、传课件等基本操作入手。

苏州市景范中学校信息技术老师戈宇：老师对这些基本操作的掌握没有问题，主要是通过这次培训，把他的“不了解”尽可能通过这次培训变成“初步了解”。

经过培训后，在本学期里，语文、数学、英语、政治、物理、化学学科老师将依次开展线上直播课。教学处积极组织各学科教师参与线上教育问答值班，在直播课排课期间，教学处也给出了指导意见。

苏州市景范中学校信息技术老师戈宇：我们教学处的主任老师会对老师上课做一些指导。针对即将升入初三的学生，化学组给的建议就是让化学老师找一些化学入门的知识，提升他们的学习兴趣。有些老师结合今年中考知识点进行题目的讲解，帮助新初三、

新初二的同学巩固已学知识，开始新的学期。

丁洁是学校的一名初三语文教师，同时担任班主任。对于新学期即将开设的直播课，她也有一些自己的思考和顾虑。课堂上老师直接和学生面对面沟通，可以直观看到学生的反应、面部表情，而直播课中，老师和学生沟通减少，相对来说有点难把握学生的思路和情绪。

苏州市景范中学校语文教师丁洁：你怎么让学生坚持40分钟坐在屏幕前听你的课，我觉得这是个值得探讨的问题。我不断地反思，该怎么来吸引学生，PPT怎么做，内容要怎么扩充。

除了老师培训，学校还对学生进行引导。2018年5月，学校利用信息技术课对初一、初二年级学生开展了苏州线上教育中心的使用培训，主要涵盖了：如何点播全市中小学名师免费共享的视频课，如何在平台上向老师提问等操作，使得学生都能够较为熟练地掌握。每周学校会通过微信，把本周六、周日的直播课推送给家长，请家长督促学生报名收看。

（作者系苏州市电化教育馆媒体中心记者）

附 录

2018年苏州线上教育中心在线教学组织与管理办法

第一章 总 则

第一条 为进一步贯彻落实教育部《教育信息化2.0行动计划》，苏州市政府《勇当“两个标杆”落实“四个突出” 建设“四个名城”十二项三年行动计划（2018—2020年）》，使全市中小学生平等便捷地享受优质、公益的在线教育资源，苏州市教育局决定启动苏州线上教育中心项目。

第二条 苏州市教师发展中心负责统筹、协调苏州线上教育中心在线教学组织管理与经费发放工作。为完善苏州线上教育中心在线教学管理过程，保障在线答疑、在线直播等环节的顺利开展，支持、鼓励和规范学校、教师开展在线教学工作，特制定本办法。各区域教育行政部门、各直属学校可参照本办法的规定与要求，结合实际情况制定指导本区域、本校苏州线上教育中心在线教学工作的组织与管理办法。

第二章 苏州线上教育中心的功能与定位

第三条 苏州线上教育中心是以“苏州名师全过程全免费”为核心理念，统筹全市名优教师资源并贯通线上线下与课内外的高度信息化、智能化、个性化网络学习平台。苏州线上教育中心面向全市师生及家长提供名师课程资源、名师网络答疑、名师在线直播及学习行为数据分析等四大类教育公共服务。

第四条 苏州线上教育中心的定位是为学校日常教学提供有益补充，为学生学习提供便捷优质的在线教育资源及多样化的教育教学形态。通过组织开展网络直播和答疑，突破以往以班级为单位的教学模式，使学生便捷地享受跨班级、跨校、跨区域的优质师资资源；通过建设全市共建共享的在线学习资源，打通线上线下、课内课外教学环节，为慕课、翻转课堂等新型教学模式提供技术支撑。

第五条 在计划、组织、实施苏州线上教育中心在线教学的过程中，应尊重学校教育计划、课程计划；应遵循素质教育总体要求，尊重教育教学规律和青少年成长规律；应充分发挥网络跨时空优势，实现跨班级、跨学校的分类、分层次的教学辅导工作，让每个学生都能根据自身的水平、能力及需要自由、充分地选择适合的学习方式；应着力满足学生在课外学习过程中急需的个性化帮辅、答疑、补弱、提升、拓展等需求。不得将应在校内完成的规定课程及内容等转移至在线教学行为；不得在线上新课；不得组织在线整班集体补课；不得以“应试”为导向，额外增加中小学生课外学习负担。

第三章 在线教学管理团队的组建

第六条 苏州市教师发展中心成立“苏州线上教育中心在线教学管理工作小组”（以下简称“管理组”）。管理组在苏州市教育局苏州线上教育中心工作领导小组指导下开展工作，并与领导小组下设其他工作组沟通、协调各项具体业务。

第七条 管理组负责苏州线上教育中心在线教学的组织管理与经费发放工作，具体包括：组建在线教育名师工作团队，组织开展名师团队在线教育培训与教研；制定市级年度在线教学方案与计划；开展市级在线教学的过程管理；落实在线教学的绩效考核及经费发放；研制在线教学的长效管理机制，统筹、指导各区域、各直属学校有序开展上述各项在线教学工作。

第四章　在线教学教师团队的组建

第八条 参与在线教学的教师一般应为本市中小学校在职人员，因教学需要的也可聘请相关专业专家等。参与在线教学的教师应具备以下基本条件：

1. 具备良好的思想政治素质和职业道德，遵纪守法，自觉遵守《互联网直播服务管理规定》，热爱教育事业，身心健康。

2. 具有较高的专业素养水平，能够胜任在线教学工作。

3. 具有中高级以上专业技术职称（职务）或高级以上等级职业资格（职务），特殊情况也可聘请具有特殊技能、在相关行业中具有一定声誉的教师。

第九条 市级在线直播教学教师的招募，一般采取邀请、推荐、自荐等三种方式。

邀请方式招募是指管理组对以“名师共同体”为主要载体的各级各类骨干教师、学科带头人、名优教师、特级教师、正高级教师等直接邀请加入市级在线教学团队。

推荐方式招募是指由“名师共同体”、教科研专家和各学校推荐的优秀中青年教师，经管理组审核同意后加入市级在线教学团队。

自荐方式招募是指本市中小学校中教有所长的在职人员或研有所长的相关专家，通过自我推荐并经管理组审核同意后加入市级在线教学团队。

第十条 参与市级网络直播工作的教师，一般由市名师共同体根据管理组排定的市级网络直播计划，从第九条中所列通过三种方式招募的名师团队中推荐产生。参与市级在线答疑的教师，一般由相关学校按照管理组排定的市级在线答疑值班计划，从本校选择优秀教师推荐产生。

第五章　在线教学教师的培训与教研

第十一条 管理组负责组织在线教学教师进行规范的岗前平台相关操作技能培训，以保证网络直播、在线答疑等相关教学工作顺利、高效进行。

第十二条 管理组定期组织相关学科专家、在线教学学科教师进行集中教研活动，不断提高在线答疑、网络直播的教学方式和教学质量。

第十三条 管理组分阶段组织各直属学校、单位相关人员开展苏州线上教育中心平台使用培训及研讨，提高全员在线教学技能。

第六章　在线教学方案与计划的制定

第十四条 管理组需根据预算和市级在线直播、市级在线答疑的预算和实际需求制定年度计划和分阶段实施方案，组织各类名师、各学校参与市级在线直播和在线答疑轮值工作，制定管理制度和各级各类线上教学类型的单价标准，并定期组织教科研专家、名师团队代表、参与学校代表等开展研讨。

第十五条 苏州市教育科学研究院需根据预算和在线教育资源制作的实际需求制定年度计划，制定管理制度和资源制作分级分类单价标准。

第十六条 各直属学校自行组织的校级在线教学工作计划，应根据管理组发布的当年度线上教学工作实施意见，提前报至管理组，以供统筹、备案。在制定网络直播计划时需注意控制频次，具体参考频次为：平时语、数、外、理、化科目≤1 次 / 周（寒暑假≤2 次 / 周），平时其他科目≤0.5 次 / 周（寒暑假≤1 次 / 周）；毕业班的考试科目直播计划可根据教学需要适当调整。

第七章 在线教学的过程管理

第十七条 管理组负责做好与市级在线教学教师的前期联系、协调和准备工作；做好过程监控、应急情况处理以及各项保障与服务工作。

第十八条 管理组落实专人做好直播、答疑过程管理记录工作，以此作为在线教学工作绩效考核的主要依据。

第八章 在线教学的经费发放与绩效考核

第十九条 管理组对参与市级在线教学工作教师、管理指导服务人员进行劳务费用统计，并定期结算。教师的劳务报酬，按照管理组当年度线上教学工作实施意见中发布的经费标准，由该教师的职级、教学类型及课时数等三方面数据计算得出。管理组每年分若干阶段统一进行统计、发放。

第二十条 苏州市教育科学研究院对参与资源制作的工作人员、管理指导人员按标准进行劳务费用统计核算，并定期将统计结算总表报至管理组。

第二十一条 各学校按照计划组织开展的校级在线教学，由各校根据管理组当年度线上教学工作实施意见中发布的经费标准，结合本校教师实际教学活动进行相关经费统计，造册报至管理组，由管理组审核并负责发放。

第二十二条 管理组依据学校、教师开展线上教育活动的参与人数，用户评价等情况进行绩效考核，对开展情况优秀的学校、教师进行绩效奖励。

第九章 在线教学的长效管理

第二十三条 对按规定完成由管理组组织安排的市级网络直播、在线答疑等工作的教师，由市教发中心发放参与证书。

第二十四条 管理组根据平台实际运行情况，与有关部门、单位共同研制对参与市级在线教学的教师，在评优评先、职称评审等工作中予以倾斜的具体方案，对优秀线上教学案例进行市级公开课认定的具体方案，以及将各校苏州线上教育中心开展情况作为绩效考核依据的具体方案，促进苏州线上教育中心在线教学活动的长效管理及良性发展。

2018年苏州线上教育中心在线教学实施意见

（苏州线上教育教师管理与考核办法）

为规范苏州线上教育中心教师的管理，加强在线教学行为的绩效考核，保障平台的教学质量与教师的基本权益，特制定本办法。

一、在线教学教师的基本要求

参与苏州线上教育中心在线教学的教师一般应为本市中小学校在职人员，因教学需要也可柔性聘请相关专业专家等。参与在线教学教师应具备以下基本条件：

1. 具备良好的思想政治素质和职业道德，遵纪守法，严格遵守《互联网直播服务管理规定》。

2. 具有中高级以上专业技术职称（职务）或高级以上等级职业资格（职务），特殊情况也可聘请具有特殊技能，在相关行业中具有一定声誉的教师。

3. 具有较高的专业素养水平，热爱教育事业，身心健康能够胜任在线教学工作。

二、在线教学教师的准入审核

1. 市级在线教学教师由市教科院教研员对照第一条中的基本要求在课程安排之前进行准入审核；校级由学校分管线上教学的校长负责审核。

2. 市级在线直播教学教师的招募，一般由市教科院直接邀请、组织推荐或个人自荐等方式。直接邀请是指教科院对以“名师共同体”为主要载体的各级各类骨干教师、学科带头人、名优教师、特级教师、正高级教师等直接邀请加入市级在线教学团队。组织推荐是指由教科研专家、“名师共同体”和各学校组织推荐的优秀中青年教师，经教科院审核同意后加入市级在线教学团队。个人自荐是指本市中小学校中教有所长的在职人员或研有所长的相关专家，通过自我推荐并经教科院审核同意后加入市级在线教学团队。

三、绩效考核办法

1. 管理员的过程管理：管理员对在线直播教师的前期准备（导学案、在线测试、课件等）、直播、互动等进行过程管理与服务，并在平台进行在线记录（到位情况、正常与否）。

2. 在线平台后强统计：点击量（观看直播、录像）、点赞量和点赞率。

3. 专家评课：由教科院组织相关专家对直播录课进行评判。

4. 根据以上3点按一定比例进行绩效等级划分，并由此进行绩效奖励（具体考核与绩效奖励条例另行商定）。

四、实施流程

1. 各单位根据预算、实际工作情况、后台数据及本单位在线教学管理办法（含分类单价标准）制定统计核算细则。

2. 各单位的管理指导服务费、绩效考核费由各单位负责统计、考核和结算。